FLYING HIGH

澳大利亚

FLYING HIGH

中国铁道出版社
CHINA RAILWAY PUBLISHING HOUSE

FLYING HIGH - AUSTRALIA

英文版由意大利白星出版社于2005年出版。简体中文版经意大利白星出版社授权，由中国铁道出版社出版、发行。

北京市版权局著作权合同登记号：图字 01-2008-0299

图书在版编目（C I P）数据

澳大利亚:英汉对照/（意）布朗(Brown,L.),（意）弗兰克(Francke,K.D.)著；方智，王兰军译.
—北京：中国铁道出版社，2008.3
(高飞丛书)
ISBN 978-7-113-08507-0

Ⅰ.澳… Ⅱ.①布…②弗…③方…④王… Ⅲ.澳大利亚-概况-英、汉 Ⅳ.K961.1

中国版本图书馆CIP数据核字（2008）第006845号

书　　名：**澳大利亚（高飞丛书）**
著　　者：Ian Brown & Klaus Francke
译　　者：方　智　王兰军
责任编辑：石建英　郭力伟　电话：（010）63549510
　　　　　电子邮箱：tiedaoly@163.com
图书设计：Paola Piacco
责任印制：郭向伟
出版发行：中国铁道出版社
（北京市宣武区右安门西街8号　邮政编码：100054）
印　　刷：北京盛通印刷股份有限公司
版　　次：2008年3月第1版　2008年3月第1次印刷
开　　本：635 mm × 965mm　1/16　印张：40　字数：500千
印　　数：1～3200册
书　　号：ISBN 978-7-113-08507-0/K·135
定　　价：165.00元

1
西澳大利亚州的鲨鱼湾泻湖。

封　面
奥尔加(前景）和艾尔斯岩(后景)。

封　底
大堡礁国家公园，昆士兰海滩远处伸展的胡克礁和哈迪礁。

2-3
昆士兰大堡礁，低潮时露出纵横交错的珊瑚浅滩。

4-5
西澳大利亚州中岛的希勒尔湖。

目录

6-7
卡塔曲塔（奥尔加）的陈年圆丘突兀在澳大利亚神秘而辽阔的沙漠中。

8
北部领地卡卡杜国家公园的湿地。

9
平原上突起的乌鲁鲁砂岩墙。它是一块沉入地下5到6公里的巨大单体墙，其形成非常独特。

10
北部领地麦克阿瑟河在卡奔塔利亚湾的最后舞动。

11
昆士兰州北部海湾的白沙珊瑚海滩环绕着圣灵降灵节岛。

FLYING HIGH AUSTRALIA

作者

克劳斯·D·弗兰克 出生在德国汉堡。最初他是一个建筑师，1970年开始转作摄影师。1993年，他首次来到澳大利亚。正是这次旅行，使他看到了第一个内陆城市布洛肯山，走进了乌德纳达塔第一家内地酒吧，也遇到了位于多山和岩洞地区白色绝壁处的第一个澳宝石(猫眼石)矿。

弗兰克用数百个小时飞越澳大利亚，来欣赏这些美景：被侵蚀成光秃岩石的古老山脉之丰富色彩和形式，班古鲁班古鲁山脉的砂石圆丘迷宫，无数湖泊和盐坑，风景如画的沙漠海岸和热带海景。

14-15
悉尼令人震撼的建筑：巍峨的摩天大楼、海湾大桥和歌剧院，它们沿太平洋环绕着悉尼港。

16-17
“十二门徒”是沿维多利亚海滩独特的一景，它们经受了严重侵蚀，不断地改变着自己的模样。

内容介绍

澳大利亚可说是个岛国，它与美国一般大小，是地球上唯一一个岛屿占陆地面积最大的国家，比欧洲大得多。从寒温带到热带，澳大利亚穿越了三个时区，它古老而孤独——这是讲述其自然和人类故事的开端。这个故事开始于大约1.5亿年前，那时候，澳大利亚和印度、非洲、南美、新西兰以及南极洲都连接在冈瓦纳古陆上，那是一个大部分被森林覆盖的潮湿大陆，澳大利亚最古老的雨林和高山植被从那时开始形成。

18

在大陆的地理中心，沉积带岩石的波浪不断塑造着麦克唐奈山脉古老岩石的形状，这些岩石形成于10亿年前。

28-29

澳大利亚最西端鲨鱼湾边缘的盐蒸发湖，被列入世界遗产名录。

内容介绍

受到地球深处的力量作用，冈瓦纳古陆渐渐被撕裂开，分成了今天我们所知的单独大陆。大约8000万年前，澳大利亚与南极洲大陆完全分离，开始了从南极点到热带漫长而孤独的数十亿年北上漂移的旅程。今天，澳大利亚仍然以大约每年7厘米的速度向东北漂移。

在澳大利亚向北的旅行中，气候变得更加干旱，植被也发生了变化。从古老雨林变化而来的干旱森林在蔓延，野火在丛林里更加频繁地燃烧，老的动物死去，奇怪的新生物涌现。在其漫长的孤立状态中，澳大利亚发展出其他地方见不到的独特生态系统和物种，最有名的是有袋动物和桉树。当变化的气候迫使动植物要么适应要么消亡的时候，脚下的土地却保持不变。长时间以来，没有地裂、火山活动或造山运动，这些使得澳大利亚成为地

内容介绍

球上一个“衰老”的大陆——没有高山，而只存在着最为古老的地表。

在向印度尼西亚和新几内亚靠近的潜行中，亚洲物种跃过海洋侵入这个大陆，智人（现代人的学名）是其中之一。人们常说，澳大利亚土著人拥有地球上最古老的生存文化，但这种文化却不是静态的。土著们认为人类是这块土地自己创造的，而科学表明，早在5万年前或更早以前人类就已经来到此。不论怎么讲，土著人和托雷斯海峡岛屿居民都见证了气候和植被的变化，狩猎和焚烧也许是这变化中的一部分。

今天，土著的先辈曾经穿过狭窄的印度尼西亚和东帝汶海谷来到澳洲这片土地，并且逐步沿海岸线向以南的内陆扩展，几乎占领了几乎这个大陆的每个海湾和沙漠。经过了一个冰河世纪，

内容介绍

陆地和塔斯马尼亚岛连在了一起；在1万年以前，岛上的居民比地球上其他任何居民都住在更加偏南的地方，栖息在冰川底下的冻土洞穴中。

揭示"地球是圆的"之真理的古希腊人，总想象着一定有一个巨大的南方大陆来平衡以北的欧亚大陆。但直到1606年，欧洲船只才第一次停靠在这个未知的南方大陆北岸，并称之为新荷兰。荷兰海盗和商人在塔斯马尼亚岛西北的约克角半岛首先登陆，18世纪的英国和法国探险家们也随后而至。1770年，詹姆斯·库克宣布整个大陆东海岸属于国王乔治三世；接着，1788年第一舰队驶进杰克逊港（悉尼港），建立了新南威尔士的罪犯流放地。

更多的罪犯流放地，更广阔的居住区和探险地也迅速跟进。

内容介绍

受到发现更多金矿和探索其他资源的刺激，新占领地迅速扩展到整个澳洲大陆。由于疾病、饥饿、战争和谋杀，土著社会遭受了巨大而频繁的破坏，逐渐衰落。

1901年，就在第一舰队登陆整整一个世纪之后，不同移民的选举形成了澳大利亚联邦。虽然人口不到400万（不包括法律上没有计算在内的土著居民），但澳大利亚已经成长为一个充满活力的、富饶而成功的国家，拥有六个州和两个自制领地。如今，因为世界各地移民潮的刺激，澳大利亚人口已经增长到2000万。但是，与其建议所能容纳的人口数量相比，这个国家显然拥有更大的舞台。

澳大利亚的影响源自富饶的自然资源、稳定的政局和不断进步的科技实力。但是，对任何现代国家来说都一样，快

内容介绍

速移民化形成了一个负担，也包括持续的环境破坏、久未解决的关于第一代澳大利亚人和其在这个国家中地位的争论等。

大多数澳大利亚多元文化居民居住在沿海城市里，这种分布不仅反映出来自大海的英国移民的历史印记，也反映出气候的影响。大量降水局限于沿海狭长地带，而深入到这个贫瘠而干旱的辽阔内陆地区，尽管那里依然有人居住，但降水却逐渐减少（只有南极洲降水比它更少）。

想象一下，在早于白人定居前的300年前，你从澳大利亚东海岸到西海岸、低空飞行3500公里的情景：太平洋的浪涛升腾飞舞；一片浪花拍岸的明媚沙滩进入你的视野；在沙丘和潮汐河口背后，辽阔的墨绿色森林遍布整个海滩平原、伸入到陡峭山脊

内容介绍

中。这里的树木高大，它们是受到海岸降雨滋润的半遮盖雨林，包裹着峡谷和云雾缭绕的高地。山崖和峭壁突起，上升在顶部平缓起伏的高原之上。在通过大分水岭时，几乎察觉不到山顶，而森林开始变得稀薄。在更远处，雨水随同陆地逐渐在西部平原展开，多草的林地直达地平线，狭窄的河流慢悠悠地蜿蜒向西。

再往西，森林渐渐蜕变为稀疏分布的树木和低矮的灌木林，草地也变得荒芜，裸露出土壤和岩石的本色。穿过达令河流域的树木走廊，就进入了沙漠地。那里的红色沙丘有突出的纹理，还有褐色的风棱石、灰褐色的黏土层、黄色的岩石山，不时闪耀的白色盐田则打破了黄土的主宰，干涸的河道在平原上纵横，像人脸上的皱纹。

内容介绍

穿过澳洲大陆中部，仍然是绵延不断的沙漠，但看上去更平坦。最终，岩石红且点缀着金色三齿稃的山脉重新隆起。就在印度洋进入视野之前，植被生机勃勃，一片微弱的绿色调重新出现。

今天，假如要做同样的飞行，你看到的将会是沿太平洋海岸延伸的村庄，这里或那里涌现的一个个工业城市。东海岸的肥沃海滩平原已没有森林，取而代之的是山间河谷的绿色草地和紧临的定居区。但是，大多数悬崖仍然荒凉，也许是被道路、自来水水坝、采矿或伐木所破坏。高原成了牧场，它们与幸存下来的森林及国家公园一起，在更加陡峭的地方组成了一幅大拼图。但是，国家被改造最剧烈的地方是大分水岭西部的坡地和平原。在这片绵羊悠闲、麦浪滚滚的

30-31

北部领地一条镶边红树林环绕的的潮汐河。

32-33

野马驰骋在康基湖国家公园上，地点位于贫瘠的南澳大利亚的一处湿地。

地带，几乎所有的灌木都被密集的农田和牧场取代。在那里，水从几乎断流的内陆江河被抽走，用来灌溉棉花一类的农作物。

牧场位于更远的地方，那里稀疏的植被没有被清理掉，而是用来放牧。牛群分布在大部分干旱的内地，只有那些最贫瘠的沙漠、自然保护区和土著领地未被开发。有时候，大陆的干旱心脏被矿山或天然气田打断，孤零零的崎岖小路联结起微小而孤立的家园和定居点。当西海岸逐渐靠近，出现的是因富含铁矿而被开采的红色沙漠小山，接下来的则是一片狭窄的绿色海岸，岸边有更加密集的农庄和定居点。这，就是西海岸边缘的一个最终轮廓。

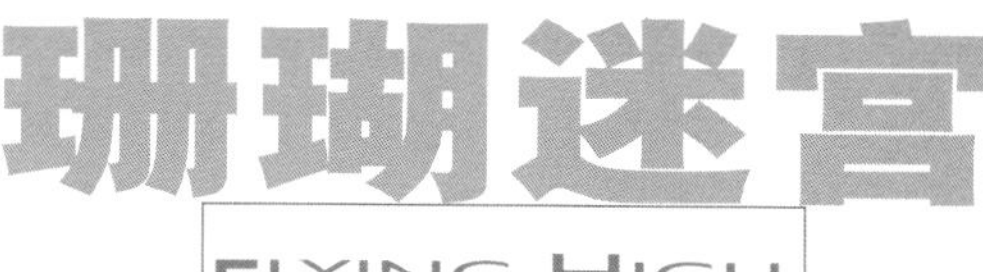
珊瑚迷宫
FLYING HIGH

35
希望岛的沙子岩礁（左图）和一座停锚在胡克礁和哈迪礁之间海峡的漂浮酒店（右图）。

大堡礁以拥有世界上最大的珊瑚礁而闻名，它以成千上万、连接成串的小岛礁方式绵延2300公里，直抵昆士兰海湾。从高处看，它似一串系在碧蓝色丝绸上的珍珠，海浪拍打而成的白色浪花则给外面的礁石镶了边。

几乎是显微镜下才能见到的生物，微小的数十亿只珊瑚虫用它们石灰质的外壳相叠加，共同建造了这个庞然大物。但是，为什么大堡礁有如此巨大？部分答案是由于这里有珊瑚虫生存与繁衍的条件。珊瑚虫与在阳光下茁壮成长的海藻共生，在这里，多数建造礁石的珊瑚位于海面到50米深度之间。理想的水温是在25℃~29℃，这个界限之外，珊瑚就不会生长得如此之好。因此，地壳运动和海平面沉降、温度变化、盐分多寡等的变化，都能使珊瑚招来灭顶之灾。借地质学的时间刻度来说，珊瑚是最短命的一种生物。澳大利亚东北部远处的大陆架几乎是生长珊瑚礁的最完美环境，那里有长期稳定的地质条件、清澈的海水、温暖的水温、数千年来保持的浅水深度。在那里，东南季风在一年中的九个月里吹打着礁石，供应从海洋带来的丰富营养，并搅动海水使之温度相对稳定。

在上个冰河世纪、海平面较低的时候，这里的大陆是一片海岸平原，点缀着作为早期造礁运动遗留物的石灰石小山。今天的礁石仅仅代表其基础顶部的一万年生长，却已经成为地球上最丰富的海洋生态系统了。

36
大堡礁海洋公园的北端，岛屿点缀的拖雷斯海峡把约克角从巴布亚新几内亚分隔开来。

珊瑚迷宫

和在雨林中的命运一样，暗礁的不同构造也源于许多差异，诸如变化的深度、逆光和阳光、遮蔽和暴露等等。这种丰富的变化至少有360种珊瑚、1500多种不同的鱼类、不计其数的软体动物和其他无脊椎动物、海龟、鲨鱼、鳐、甲壳动物、海蛇、鳄鱼、儒艮、海豚、鲸的参与，也包括人类。而在空中，也有200多种海鸥和鱼鹰、军舰鸟、塘鹅及涉禽类在珊瑚礁边缘谋生。

外部珊瑚礁（外礁）距离海岸30到250公里的地方，沿大陆架从南回归线往南穿越15个纬度，直到巴布亚新几内亚的海岸。更远处，海床迅速降低到太平洋海水深处，运送海浪不断地击打着礁石边缘，堆积打碎的珊瑚并重建秩序。

在长长的未被海浪击破的间歇性开口处，是所谓的泡沫墙引发了礁石的得名，时间为1802年、马修福林德第一次环澳大利亚航行时。对那些同大风和潮流做斗争并寻求通往港口之安全通道的海员来说，海浪的怒号带来的是海难的彻骨威胁。

很久以前礁石就对航行构成威胁。1770年，詹姆斯·库克的奋进号航船就在他历史性的沿澳大利亚东海岸的航行中被撞出大洞，地点位于复仇角。经过七个星期在库克镇的修补，库克才终于爬上蜥蜴岛的顶峰，在礁石之间找寻逃出监狱之路。现在，浅滩都被明确标识出来，因为有了现代化的导航装置，大型船舶都可以穿过外围礁石防浪堤后面更加掩蔽的水域，从而避开更危险的航道。

正如大家所知的，“内礁”不是连续性的，而是形态各异、大小分散的沙礁、珊瑚环

珊瑚迷宫

礁和连在岛屿上的穗状礁石。在某些地方，它们甚至沿海岸分布。但是，所有这些礁石和800多个岛屿仅仅构成了整个珊瑚礁海域的5%，其他地区则是富饶的开放海床。

作为一个特定的生产环境，大堡礁不仅是一个重要的商业渔场，也是划船、钓鱼、跳水和潜水休闲的乐土。为了协调彼此的竞争，1975年，整个海域成为海洋公园；1981年，它赢得了世界遗产的地位。大堡礁是世界上最大的热带海洋公园，面积有348000平方公里，几乎和日本同样大小，比新西兰还要大。但是，这个公园并没有被严格保护起来。一个详尽的分区计划把这个地区分成了不同的用途，但从不对外开放商业捕鱼。

建立在凯恩斯和汤斯维尔这样的海岸中心基础之上的岛礁旅游在过去20年迅猛发展，已经成长为年吸引游客1600万、收入43亿美元的产业。每天，成百上千满载游客的船只航行在内礁、岛屿和外礁之间，欣赏海洋生物的多样性和它们神奇的色彩。

如果说珊瑚礁只是暂时的，那么，这个拥有所有生命的伟大礁石会生存多久呢？这将取决于礁石环境的变化，而今天的许多变化可能都是人为的。沉积的增加和农业肥料运用而造成的土壤流失等，使全球气候变暖，这正成为最大的危险。由于海水温度上升，导致海藻放弃珊瑚虫，某些地区的珊瑚已经开始死亡。研究者估计，只要海水升温3°C，就将杀死整个礁石。同样，微小的变化也会引起大范围的毁坏。

40

来自风、海浪和洋流的驱动，使得珊瑚碎片聚集到浅海形成沙礁，并逐渐被植被所覆盖。

41

条状珊瑚镶嵌在大堡礁岛屿大部，从空中看似乎很单调，但珊瑚下却揭示出一个生命、色彩和运动的奇迹。

42和43

拖雷斯海峡的土著民居住在17个岛屿组成的小型社区里，其他数百个岛屿则无人居住。在那里，他们遵循着传统海洋生活与现代生活相结合的生活方式。

44和45

160公里宽的拖雷斯海峡大部分20米深，8000年前(那时海平面更低)，那里还是一个连接澳大利亚和巴布亚新几内亚的干燥陆地，其沙质岛屿只是最近才形成。

46
南回归群岛珊瑚礁是大堡礁的众多深海潜水天堂之一。

48和49

自从1606年路易斯·瓦伊斯·德·拖雷斯航行经过这里之后，大堡礁和拖雷斯海峡复杂的浅滩、水道和洋流就已经成为航运的威胁。1770年，詹姆斯·库克的奋进号被撞出大洞，他也成了第一个倒霉蛋。库克竭尽全力在今天被称作库克镇的地方修好船只，继续航行，并宣布整个东澳大利亚海岸属于他的国王，但是许多其他海员就没有这么幸运了。

50

波浪和洋流的运动在肯尼迪河口的浅水中勾勒出沙滩的图形。

51

阿伯特湾的一个河口，有弧形的沙滩。

52-53

拖雷斯海峡清澈蔚蓝的海水。

54-55

900多个分布在大堡礁周围的岛屿中多数无人居住，依然保持着原始风貌。

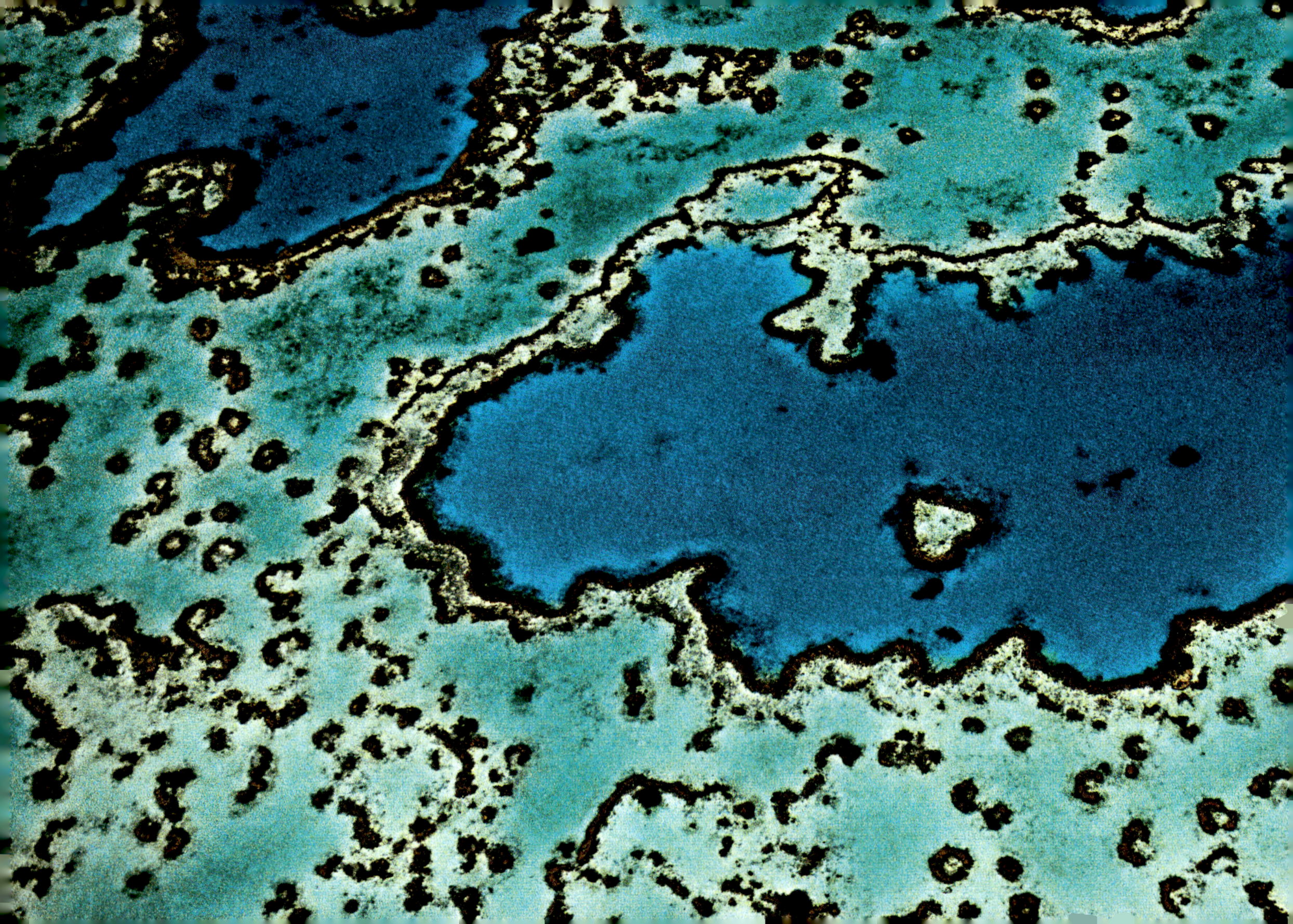

56-57

胡克礁和哈迪礁的珊瑚生长是大堡礁海景的亮点。大堡礁面积348000平方公里，1981年，成为澳大利亚第一、世界最大的一个世界遗产区。

58和59

降灵群岛的74个岛屿蜿蜒在汤斯维尔和卖凯之间，形成了大堡礁最大的岩石岛聚集地。这里的多数岛屿保持着原始风貌，但最大的岛屿降灵岛（右图）和其他几个岛屿也建有旅游度假区。

60和61

降灵岛原始的白沙滩、珊瑚礁和灌木覆盖的崎岖地形(大多数都在国家公园)等美景令人惊讶，对热衷于驾驶游艇、潜水和划船的游客来说，那里就像一块磁铁。

62-63

降灵岛的一条河流在汤恩角汇入大海，其河口是在沙洲作用下形成的。

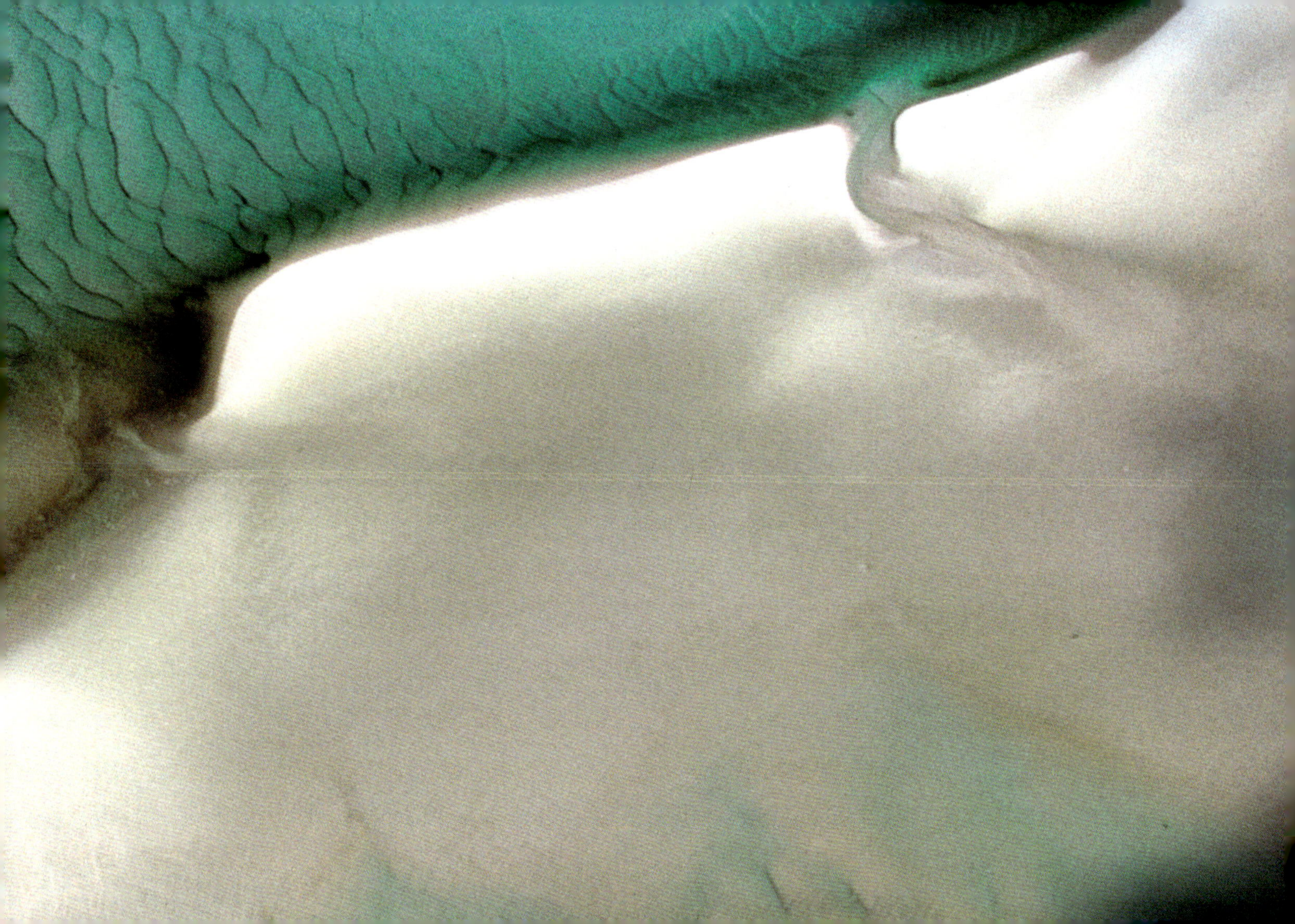

64

巴瑟斯特海湾的沙滩向梅尔维尔角的边缘弓起。梅尔维尔角国家公园内的大圆花岗岩石山是多种珍稀蛙类、蜥蜴和独特的狐尾棕的故乡，这种棕树能长到超过600米高。

65

一条小河在巴瑟斯特海湾低洼海滨创造出三角洲，周边是平缓的盐滩和红树林的网络。

66

洛克哈特河边珊瑚环礁的一个中央泻湖，它提供了在阳光下温暖海水田园牧歌般的美好享受。

67

洛克哈特河土著社区的东部海礁约克角半岛，显示出持续波浪运动的效应。

68-69

鲍恩的外礁，一条蜿蜒的深水海峡把胡克礁与哈迪礁分隔开来。

70和71

大堡礁温暖而富饶的海水是座头鲸首要的繁殖区域。从冬到春，每年它们都从南极洲的进食地向北旅行。

73

鲨鱼是大堡礁生态系统的首要掠食者，其他大型海洋动物还包括儒艮、枪鱼、海龟、几种海豚和鲸。

高地色彩
FLYING HIGH

75
班古鲁班古鲁山脉（左图），层状沉积岩像等高线图一样勾勒出鲜明的斜坡；费茨罗伊河（右图）地区，一条季节性干涸的小河正处于枯水期，沿岸是青草覆盖的小山。

澳大利亚没有其他大陆所具有的冰雪覆盖的伟大山峰。但是，在这个地球上最扁平的古老而陈旧低矮的山脉中，同样孕育出类似创造出伟大的安第斯山、喜马拉雅山和阿尔卑斯山的地质力量。

不同之处在于，澳大利亚的造山运动发生在很早以前；而世界上所有的最高山脉仍旧很年轻，今天还在被大陆碰撞而抬升。

澳大利亚的大部分地区已经保持了数百万年的稳定，因为它在地壳之印度－澳大利亚板块中坐落得很好。但是，板块周围的运动非常活跃：不稳定的新西兰位于东部板块空白处，而新几内亚和喜马拉雅则被向天空推升。

澳大利亚曾经的高大山脉在雨水、大风、流水，甚至冰的作用下渐渐变得矮小。但是，它们所拥有的多样性和壮观景色使其大多成为国家自然保护区、壮观的国家公园和5个世界遗产区域。

科修斯科山顶峰2288米，仅比树木线上升了400米，而一个圆形小山也只比其他雪峰高一点点。这种“一面山”在东部很容易攀登，但在西部却因为一个1800米高的悬崖而急速降低，那里是澳大利亚最壮观的风景。

这座山脉是探险家保罗·斯切雷奇以波兰

76
班古鲁班古鲁山脉偏远的残丘耸立在一片干燥的季节性草原上。

高地色彩

英雄塔德乌什·科修斯科将军命名的，临近的斜坡是澳大利亚大陆唯一受到近代冰川影响的地方。大约10000年前，冰川融解而留下若干个美丽的填满湖泊的冰斗。

这些山脉在一起以"澳大利亚的阿尔卑斯"而闻名。冬天，这里拥有一块比瑞士领土还大的雪地，澳大利亚屋脊则孕育出这个大陆的许多大河。最引人注目的高峰是一些较低的山峰，如波冈山（1986米，维多利亚州最高峰）、贾恭嘎山（2061米）和羽毛顶山（1922米）。

只有夏季的丛林步行者、冬季的滑雪者和登山者才能步行到达这些遥远的地方。偶尔土著民也会去拜访这些高山，去尽情享用每年夏天聚集在山崖缝隙里营养丰富的波冈山飞蛾盛宴。

大分水岭沿东部海湾绵延超过4000公里，从约克角半岛顶部较低的沙滩小山直到西维多利亚的格兰扁山脉，澳大利亚阿尔卑斯只是其中的一部分。

大分水岭是真正的一连串独特山脊、高原、山结，由一条模糊而弯曲的分界线连接，这条分界线把海滩流域从墨累－达令河系统和北部的艾尔湖盆地及卡奔塔利亚海湾的内陆河分隔开来。

有舒缓斜坡的高原位于分界线内，而东部大部分则多是急剧下降的淡蓝色海滩，这些海滩被峡谷和悬崖撕开。地理学家为奇特的地形而争论不休，通常称之为大悬崖。

高地色彩

大分水岭也许是澳大利亚最长的分水岭，也是它的最高点，但许多最引人注目的和值得玩味的山斗在较低的山脉可以找到。

粗粒的玄武岩和石英岩构成的复杂山丘点缀着湖泊，构成了极度崎岖的塔斯马尼亚岛大部。经过几个冰河世纪冰川的深深切割，崎岖的山峰和高原达1000至1600米高。然而，对这些能承受冷雨和风雪频繁侵扰的塔斯马尼亚山峰来说，则很容易攀登。无数条步行小道、神奇的森林、丰富的野生动物和花园般的高山植被及星星点点的湖泊一起共生，使塔斯马尼亚成为吸引丛林步行旅行者的“磁铁”。

受到追捧的山峰还包括中央高地奥沙山（1617米，岛上最高峰）、摇篮山、法国人帽子山、安妮山和深入西南荒野的联邦峰。

遥远的昆士兰北部湿润热带拥有另外一些雨水浸润的山峰。它们从珊瑚海海岸边突然升起，直入云霄。那里拥有大片的热带雨林、狂奔的河流和瀑布，巴特尔弗里尔山（1622米）是最高的，必须从接近海平面的地方攀登起。

澳大利亚没有活火山，但有先前喷发的遗迹。在昆士兰州的玻璃屋山和新南威尔士的沃伦邦格尔山脉，火山锥把岩石突兀出丛林，形成了一些不能直接登顶的山峰。

深入内陆更远处，澳大利亚的心脏地可以找到想象中的、通常意义上的真正顶峰（塔斯马尼亚除外）。那里有黄褐色稀疏分布着的矮小植被，散布着岩石的崎岖山脉在沙子间蜿蜒

80

布勒山的顶峰(1805米）拥有维多利亚州最大的滑雪场。

行进，就像土著神话中所提到的常与黄金时代联在一起的大毒蛇。

在南澳大利亚，福林德、马斯格雷夫和曼恩山脉拥有这个国家最高的山峰，而北部领地麦克唐纳山脉的锡尔山或乌尔拉舍克（1531米）是大分水岭外最巍峨的山峰。

麦克唐纳山脉是一个长600公里的古老山脉群，3.5亿年前，当它们从地下生长出的时候，也许与落基山脉一样高。

自从熔化以后，20亿年古老的砂岩已经风化成骨架状的山脊，它的截面地层在地面弯曲，宛如一个被扭曲的洋葱切片。

西澳大利亚是最大也是最平坦的一个州，大部分地区为沙漠。但是，喜欢山的人仍然会对西南部的斯特凌岭和在皮尔巴拉的锈红色哈默斯利岭（1249米）感到激动，后者是全州最高峰。

但是，被削成片状的高原和金伯利地区的山脊一样崎岖，这也包括班古鲁班古鲁山脉蜂巢一样的圆丘。

这些非凡的山峰是绵延的多石山余脉和起伏小山的范例，它们一起构成了澳大利亚山峰之色——虽然山体矮小，但却因其形态、色彩和美丽依然让人骄傲。

82

在西澳大利亚的皮尔巴拉地区，33亿年前的世界最古老的岩石被发现，哈默斯利岭的岩层从那里古老的海床抬起。

83

卡瑞吉尼国家公园，乔夫瀑布跃入哈默斯利岭的乔夫峡谷中。

84

令人震惊的彩色峭壁蜿蜒地跨越皮尔巴拉的半干旱林区，这些峭壁富含铁氧化物。

85

桉树林围绕着皮尔巴拉一条断断续续小河的河岸。

86和87

在波奴鲁鲁国家公园，鬣刺、矮小的丛林和零散的树木覆盖了班古鲁班古鲁山脉的一片开阔的山谷。这个24000平方公里的国家公园在2003年被列入世界遗产名录。

88-89

在西澳大利亚州遥远的金伯利地区，波奴鲁鲁国家公园奇异的蜂巢状圆丘是铁红色砂岩堆积层历经2000万年风化的产物。

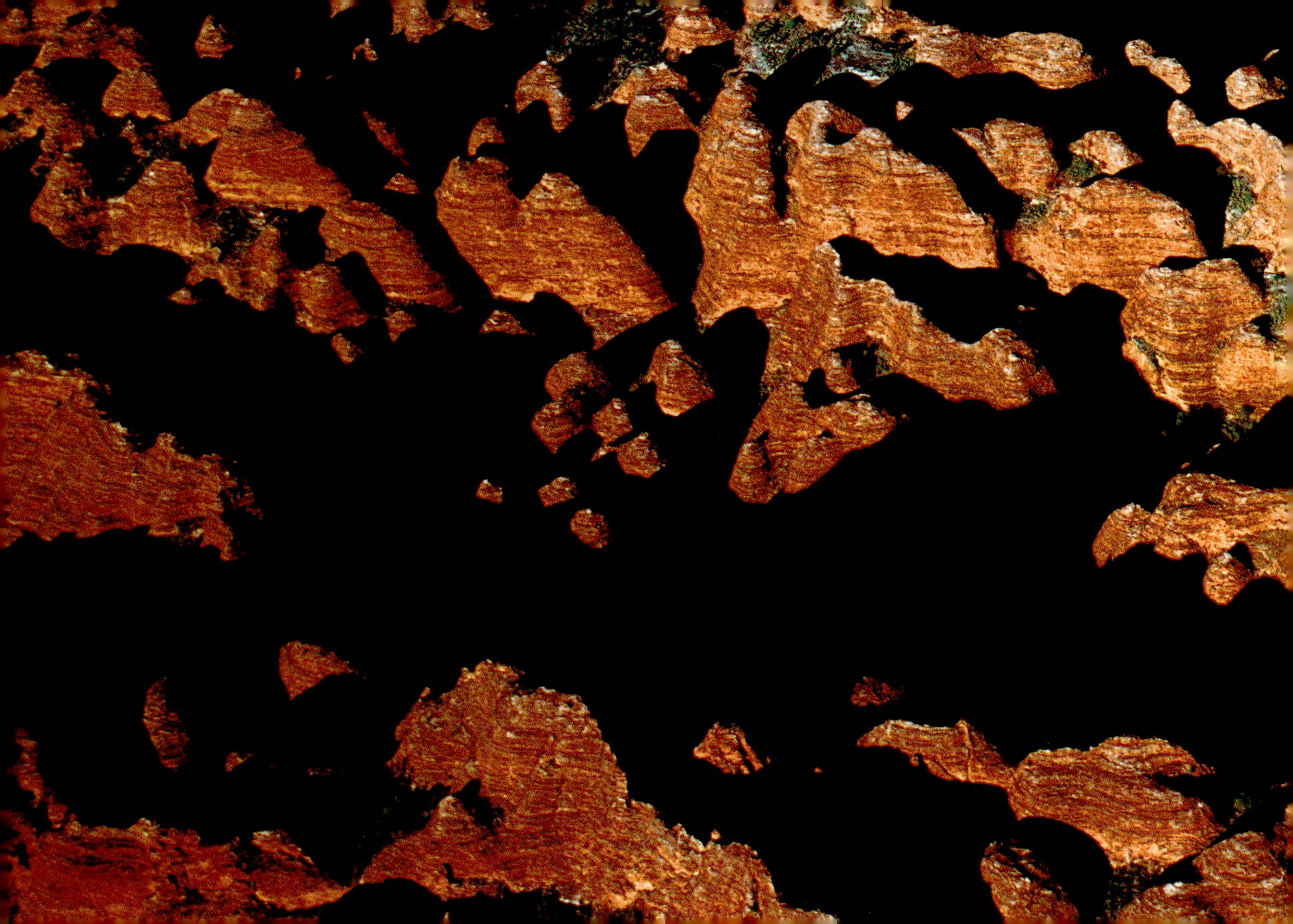

90

拥有珍惜棕榈的狭窄山谷，分割开班古鲁班古鲁被侵蚀的砂岩塔型山。

91

波奴鲁鲁也象征着凯雅土著民连续2万年的遗迹。

92

金伯利地区，菲茨罗伊河和褶皱山嘴边的平卧台地一起展现出一段混合的地质历史。

93

临近菲茨罗伊河渡口的地方，一场大火烧光了一个美丽山脊的稀疏植被。

95
金伯利地区阿盖尔湖附近，卡尔波伊山脉交错的侵蚀图形。

96-97

一场雷雨向卡尔吉尼国家公园哈默斯利岭的达勒峡谷移动。

99

特拉法尔加山是遥远而蜿蜒的金伯利海岸线上壮丽的砂岩峭壁之一，大约1万年前，它还浸没在不断升起的海平面下。

100和101
名副其实的崎岖岭从金伯利奥德里河地区的起伏小山中骤然升起。

102

盐湖星罗棋布地分布于查尔斯峰的花岗岩山峦边缘的平地，西澳大利亚州西南角的一个小国家公园也叫这个名字。

104和105

一堆稀奇古怪的兀立岩石之地被称为失落城，那里是位于卡奔塔里亚湾的纳坦河地区的砂岩高原遗留物。

106

澳大利亚一些最令人印象深刻的山峰位于其沙漠心脏，这些扭曲的山脊线在北部东麦克唐纳山脉爱丽斯泉东面。

107

东麦克唐纳山被许多峡谷和水坑所雕刻。数千年来，它们对野生动物和土著民一直都很重要。

108和109

中澳大利亚瓦塔卡国家公园乔治吉山脉岩石嶙峋的圆丘是班古鲁班古鲁的余脉。

110
乔治吉尔山脉突兀的峭壁。

111
下降100米，直到到金斯峡谷的步道，一直受到瓦塔卡国家公园游客的追捧。对从澳大利亚中部气候还比较湿润的时候幸存下来的许多珍稀植物来说，这片凉爽的绿洲是它们的避难所。

112

布林克利悬崖(1209米)是一座位于咀嚼山脉、有2亿年历史的石英岩石山，它也是穿越西麦克唐纳山脉228公里长的拉拉平塔路沿线最高的野营地。

113

远处的蛇纹峡谷从右至左被切开，沿着位于西麦克唐纳国家公园海弗翠山脉的蛇形山脊直行。

114

图片中远处的桑德山或瑞泰普姆山（1380 米）是中澳大利亚的高峰，它们在当地阿伦特族艺术家阿尔伯特·纳马提拉的水彩画中占重要地位。

115

在位于西麦克唐纳山脉两侧较低的山脊上，岩石历经千万年被侵蚀成圆齿形状。

116

福林德斯山脉（也叫麦克唐纳山脉）是南澳大利亚最长的山脉，从斯潘塞湾一路向北延伸430公里，直达沙漠。

117

威尔潘纳地质盆地边缘耸立着福林德斯山脉最高峰圣玛丽峰（1171米），那里的岩石地层被向下推移，是地质学岩石向斜的一个例证。

118

北部卡卡杜国家公园，吉姆吉姆瀑布的热带湿季水流从阿南地悬崖流出。

119

方圆20000平方公里的卡卡杜国家公园是澳大利亚巨大的国家公园之一。这个世界遗产包括壮观的砂石悬崖和高原、丰富的土著岩画和广袤的泛滥平原，公园由土著民联合管理。

120和121

位于新南威尔士州，悬石（上图）和三姐妹（右图）似乎随时都会跌入蓝山国家公园的格罗斯谷中。

122-123

蓝山南部，薄雾萦绕在摩顿国家公园雅伦嘎山谷高高的树梢之上。

124-125

贡顿加罗山台地（840米）又名大蓝山，从瓦勒迈国家公园边缘的卡佩提谷升起，而瓦勒迈则包括新南威尔士州最大的荒野保护区。

127

摇篮山-圣克莱尔湖国家公园是巨大的塔斯马尼亚荒野地世界遗产区的一部分，在过去的几个冰河世纪里，冰川一直在塑造着这个地区的山峰和湖泊。日出给盖尔永山（1503米）的粗粒玄武岩面（300米）镀上了金边。

128

摇篮山-圣克莱尔湖国家公园人迹罕至的荒野，艾尔顿悬崖(1200米)的一处冬景。

129

从塔斯马尼亚的最高峰奥萨山顶峰望去，东佩林山的圆丘从流动的冬云间浮现。

红色万花筒

FLYING HIGH

131
班古鲁班古鲁国家公园（左图）和奥尔加斯石阵（右图）起伏的地形。

132
前景的乌鲁鲁石和后景的卡塔曲塔石是土著民的圣地。

多数澳大利亚人也许居住在一下子就能看到海滩的地方，但是在看不见的地方，也就是在五光十色的沙滩和玻璃塔之外，却盘旋着一个微微发亮的烘烤着的红色世界——沙漠，它在澳大利亚人灵魂中有着独特的地位。

无尽的天空，热情的色彩，遥远而模糊的地平线，无限的宽广和寂静；流动的砂石，干涸的湖泊，乌鸦和野狗，饿死的探险者，孤独和贫困；一个死亡被从生命完美分开的地方，沙漠曾经极度的神秘和危险，但也是强大的、观念上的和有吸引力的：数千年来，它被一个身心和地球有深远联系的迷一样的民族所养育，这一切都难以想象。沙漠的象征和它超自然的力量来源于乌鲁鲁（艾尔斯岩）和卡塔曲塔（奥尔加斯岩）裸露的独块巨石，它孤独而超现实地耸立在大陆地理和精神的核心地带。它从平原上升起450米高，反射出黑白澳大利亚变化的关系，同时也反射出变换的沙漠光线。本土的阿南古人请求游客们不要攀登乌鲁鲁，认为那是一个拥有许多重要故事的地方，但是却无济于事。最好绕着这块“岩石”来一次8公里的步行，了解一些关于它的位置、它在人们心中的地位的故事：这可是一次关于红色光线的强度和反射作用的发现之旅。

在所有地方，红色的沙子在地平线上伸展，直到打破这个平面的下一个岩石脊背。围绕乌鲁鲁的被认为“空旷”的沙漠其实是一个繁茂的花园，它被保护在一个国家公园以内。在那里，沙漠木麻黄、鬣刺、数百种灌木和鲜花借助于一丁点水而茁壮生长，小型哺乳动物和蜥蜴的足迹纵横交错。在公园之外，遍及大部分澳大利亚的干旱地带承受着放牧牲畜、传入杂草和大大小小燃烧的蹂躏，其生态系统给人留下负面阴影。

红色万花筒

澳大利亚的1/3土地是沙漠，另外的1/3土地则是半干旱地区。在11个有名字的沙漠中，大沙地、吉布森和大维多利亚是较大的。接下来是塔纳米、吉布森和辛普森，以及小一点的小沙地、提纳里、佩地卡、斯图尔特石和斯特泽雷奇。在这些地区，人们借助那里驯化的家畜奋力地谋生，这里也并不像其他大洲那些最干旱的沙漠，比如撒哈拉沙漠、阿塔卡马沙漠或戈壁那样贫瘠，但是因为多沙，所以也被叫做沙漠。

澳大利亚沙漠实际上充满了生命，只是很难见到。比地球上其他地方多得多的蜥蜴以及爬行动物统治着沙漠。大多数哺乳动物是夜行的，特殊地适应了与炎热和稀少水源间的竞争。植被矮小稀疏，通常只是含盐灌木、丛生的金鬣刺、纺锤型树干的莫尔加树（阿拉伯树胶的一种）。在明显的干旱地面，大量的种子处于睡眠状态，等待雨水降临和其后的释放；然后，沙漠变成了一块色彩缤纷的地毯，花儿迅速绽放、死亡，朝生暮死使它们的生命更加令人惊奇。

嶙峋而多岩的山脉有时打破了天际线，尤其是在中澳大利亚，但是向地平线伸展的巨大平原更加典型。多沙或多石，地表记录着使沙漠变成今天模样的水、风和变化的气候的力量。

沙漠里的沙丘是从河流带来的沉积层开始的，无论是过去偏湿润的时代还是稀有的洪水期。接下来 那些松散光秃的沙子被风吹起，穿越大片地区，堆积成沙丘。月牙形的弧形沙洲遍布在一些地区，而平行的长尾巴沙丘蜿蜒穿过其他沙漠，如辛普森沙漠，那里一些顶峰绵延数百英里而未遭破坏。在辛普森沙漠的一些地区，沙丘是亮红色的，而其他地方则是褐色、黄色，甚至是白色的。色彩取决于覆盖于沙子表面的铁氧化物的含量，这也反映出各种沙粒的历史。

地理学家们甚至断定过沙粒的日期，发现澳大利亚的沙漠起源于500万年前，尤其是地质学上的更新世——那个干旱多风的冰河世纪。澳大利亚的气候在25000到18000年前是最炎热的，那时的海平面也最低，大多数沙丘今天被植被覆盖、不再移动，但是它们保持的倾向性同遍及整个澳大利亚的巨大逆时针图案吻合。

多石的沙漠也被风所定形。风吹走了沙子和土块，留下了小鹅卵石。这些小氧化物包裹的被风打磨过的小石头的残余堆积，被称作风棱石。在地上看，它很像一条铺满鹅卵石的小街；从空中看，红褐色的颜色首先让人很迷惑，看上去像死去的植被。

内陆的河流也是纯粹的残留物。一个世纪以前，它们只有几次能流完全程；但是在过去30万年前更加湿润的时代，它们运送了水和大量沉积物。沙漠里的溪流，如芬克河和沃尔布顿溪都流向艾尔湖，但是很少能到达那里。不过10万年前，这个湖还是一个19世纪的欧洲探险者苦苦寻觅的“内陆海”。

在困苦和贫穷中，像欧内斯·特贾尔斯、约翰·麦克道尔·斯图尔特、布克和维尔斯的悲惨团队那样的人竭力凭借马匹和骆驼来穿越沙漠。一些人成功了，许多人再也没有回来。但是，几乎每一个人都忽视了对土著民的知识和智慧的积累，是他们，在这艰难的环境中生存了几千年。

拥有一种把过去、现在、未来、岩石、地形、它们自己和所有的生命看作一个连续统一体的灵性，沙漠居民进化出了一种与土地共生的道路。土地是一种象征，所有的东西都相互依赖，这个国家的健康由歌曲、礼节和精神实践来维持。

“梦境”不过是土著人宇宙观复杂性的一

136
南澳大利亚州非正式的"绘画沙漠"仍然名副其实。它是库伯佩迪奥宝石镇附近的一小块地区，因侵蚀而成为"已独立"地区。

个类推。今天，小型的土著社区多数分布于澳大利亚遥远的内陆，尘土飞扬的小路把它们联在一起。由于大多数沙漠不适宜放牧，被畜牧场主遗弃后就交还给土著民保留区；其他稍微有些生产力的土壤则被畜牧场主租赁，孤立的家园意味着最近的邻居也常在几百公里之外。国家公园和类似的保护区占据了沙漠其他广袤的部分。

旅游是一个巨大的沙漠工业，从乘坐四轮驱动的畜力车前往"真正澳大利亚"（如以前所知的世界最长牧道——1700公里长的康宁牧道，穿越西澳大利亚四个沙漠）的小团队，到像乌鲁鲁和国王峡谷这种出现在每个国际旅行者日程上的旅游热点。离乌鲁鲁443公里远，在麦克唐纳山脉中部的北部领地爱丽思泉是旅游工业之都，它是最大的沙漠定居点，拥有28000个居民。

气田和其他矿藏只是很少一部分，但它们是很多小型定居点存在的理由，如南澳大利亚斯特泽雷科奇沙漠的蒙巴和西澳大利亚纽拉伯平原西部边缘的卡尔古利黄金镇。巨大的伍梅拉保护地覆盖了127000平方公里的土地，从艾尔湖附近直到大维多利亚沙漠。20世纪50年代，英国曾在这里进行了原子弹试验，现在它仍是武器实验地；而曾经被驱逐的土著民也正逐步赢回一些未被污染地区的土地。

沙漠仍然是国家的边疆，你能开车几天几夜而见不到一个定居点，束手无策的旅行者有时仍会渴死。

穿越澳大利亚中心，3000公里长的斯图尔特高速公路连接着阿德莱德和达尔文，直到20世纪80年代才修好，而与其平行的铁路直到2004年才完工。泛澳大利亚铁路有着世界上最长的笔直铁轨段（478公里）。它横越拉伯平原、飞速穿过沙漠，那种伟大的宁静就蕴藏在这穿越的运输走廊中。

138

在西澳大利亚海岸，被称为小尖塔的石灰石塔耸立在南邦国家公园沙丘中。

140

南澳大利亚蒙巴附近的斯特泽雷科奇沙漠，风吹起波动的沙丘。

141

昆士兰州西南角的流沙。

142-143

欧内斯特·吉尔给奥尔加山（1069米）的岩石命名，完全不知古老的土著名为卡塔曲塔（意思是"许多头颅"）。

144

对科学家来说，卡塔曲塔的圆丘是微微翘起的砾岩堆积层经过2亿年的侵蚀而成的。

145

对阿南古人来说，卡塔曲塔的每个裂缝和凸起都是一个梦境故事的一部分。为了保护这个圣地，公共场所被限制在风之谷步道，在图片右下角能够看到。

146

乌鲁鲁神奇的独块巨石，因其在一天之内变换颜色而闻名。

147

乌鲁鲁是由沙漠表面之下深深伸展的陡峭的长石沙岩床组成，高出沙表346米，周长8公里。

149

这张照片是离乌鲁鲁（艾尔斯岩）不远处拍摄的，描绘的是灌木。在澳大利亚，它不仅仅是一种“灌木”，也代表着森林、草原，以及和城市相对应的野性自然。

152和153

布雷克维斯在一个低矮高原的多碎片边缘，那里较软岩石的颜色由于侵蚀而显现出来。

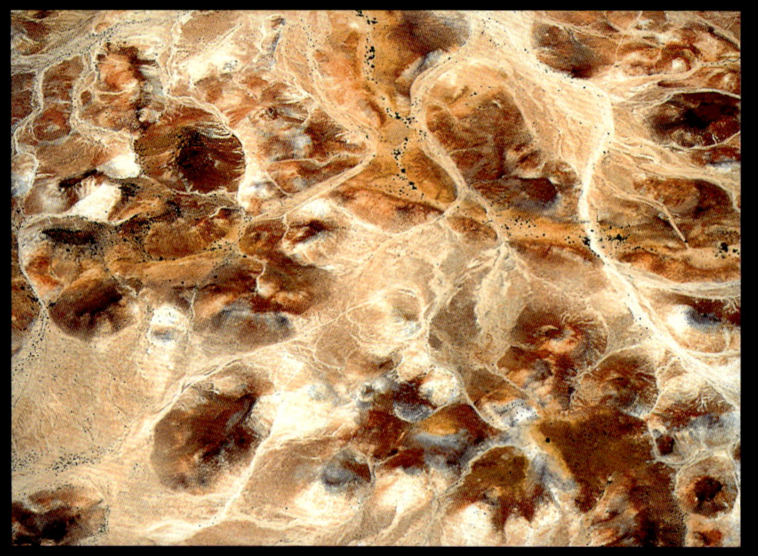

150和151

库伯佩迪附近，布雷克维斯的褐色和铁锈色来源于铁氧化物。稀少的雨水无力支持太多植被的生存，所以当雷雨来临时，雨水仅冲刷了地表。

154

沙丘之间有无数的浅间歇湖，如南澳大利亚西南角的戈伊德泻湖。

155

戈伊德泻湖由发源于昆士兰州布雷克维斯从未干涸的迪亚曼蒂纳河，这条河把辛普森沙漠从斯特泽雷科奇沙漠和斯图尔特石漠分割出。

156和157

澳大利亚有名字的最小沙漠，提拉里沙漠是一个散布的沙丘和偶见的粘土湖的混合景观。

158和159

从1840年到1907年，成千上万的骆驼被带到澳大利亚用于沙漠运输，被汽车取代之后，它们被遗弃。而野化后的骆驼成为对自然植被的巨大威胁。

160-161

在一些干旱陆地，野马的存在是一个环境问题。

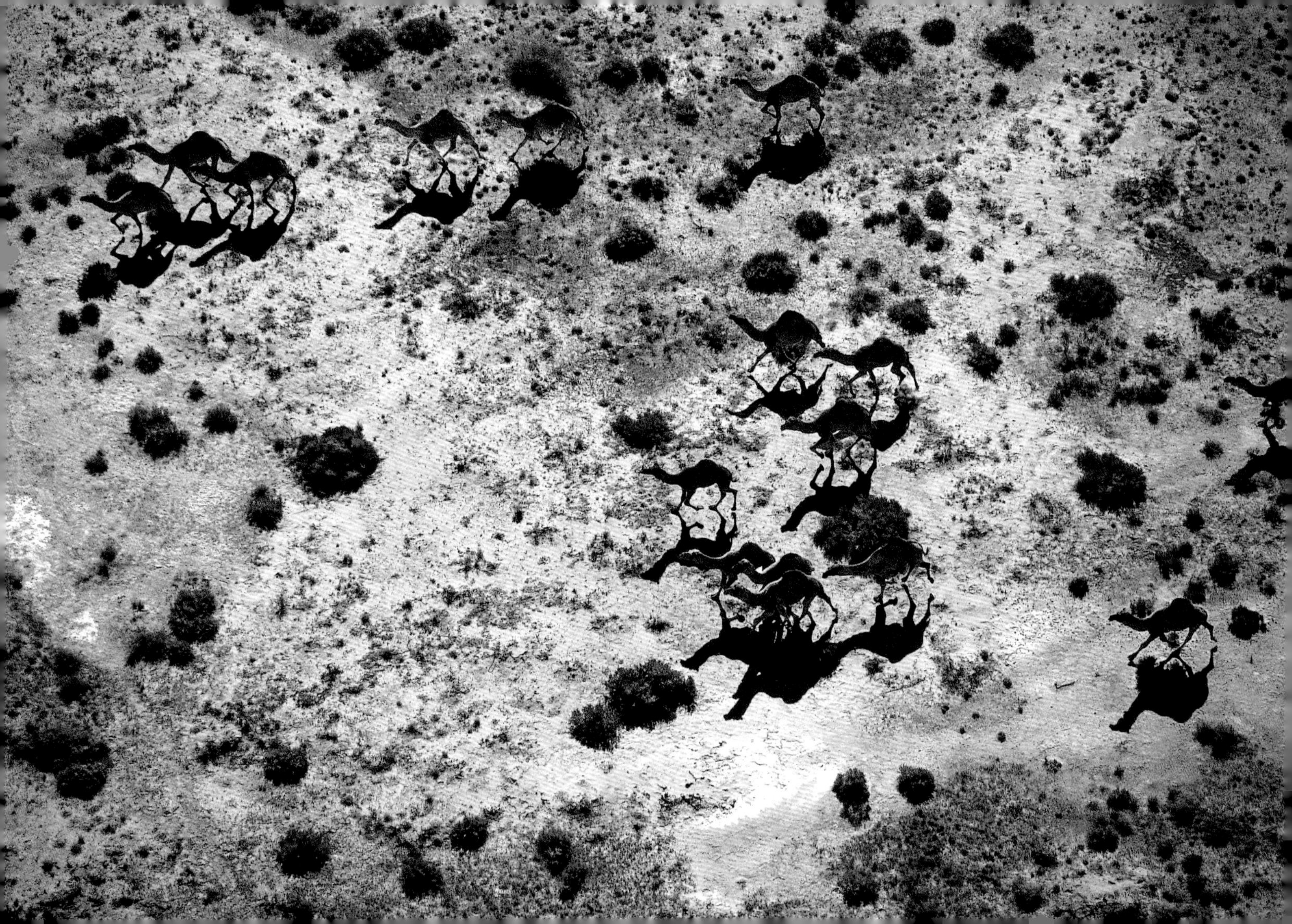

162和163

一场罕见的大雨之后，斯特泽雷科奇沙漠充满生机。

164和165

在沙漠里，大多数生命保持着休眠状态，等待着给予生命的雨水。届时，植物迅速发芽、开花、结果，然后死去。辛普森沙漠边缘的戈伊德泻湖因稍纵即逝的新生命而令人激动。

166-167和168-169

不像其他朝生暮死的沙漠小水塘，穆恩康尼湖是个淡水湖。它是一个重要的国家级湿地，为濒临灭绝的雀斑鸭提供栖身之所。

170-171

穆恩康尼湖位于艾尔河边，在辛普森沙漠的东部和昆士兰州钱纳尔地区之间。

172和173

艾尔河河水泛滥流入穆恩康尼湖边的沙丘洼地，形成了色彩绚烂的马赛克。

174和175

伯德斯维尔北部昆士兰州，一辆装载肉牛前往市场的货车轰鸣着通过一条尘土飞扬的公路。

FLYING HIGH AUSTRALIA

177

新南威尔士州遥远的西部，穆塔温提国家公园的红色土壤显示出过度放牧痕迹。这是全国第一个由土著居民和政府联合管理的公园。

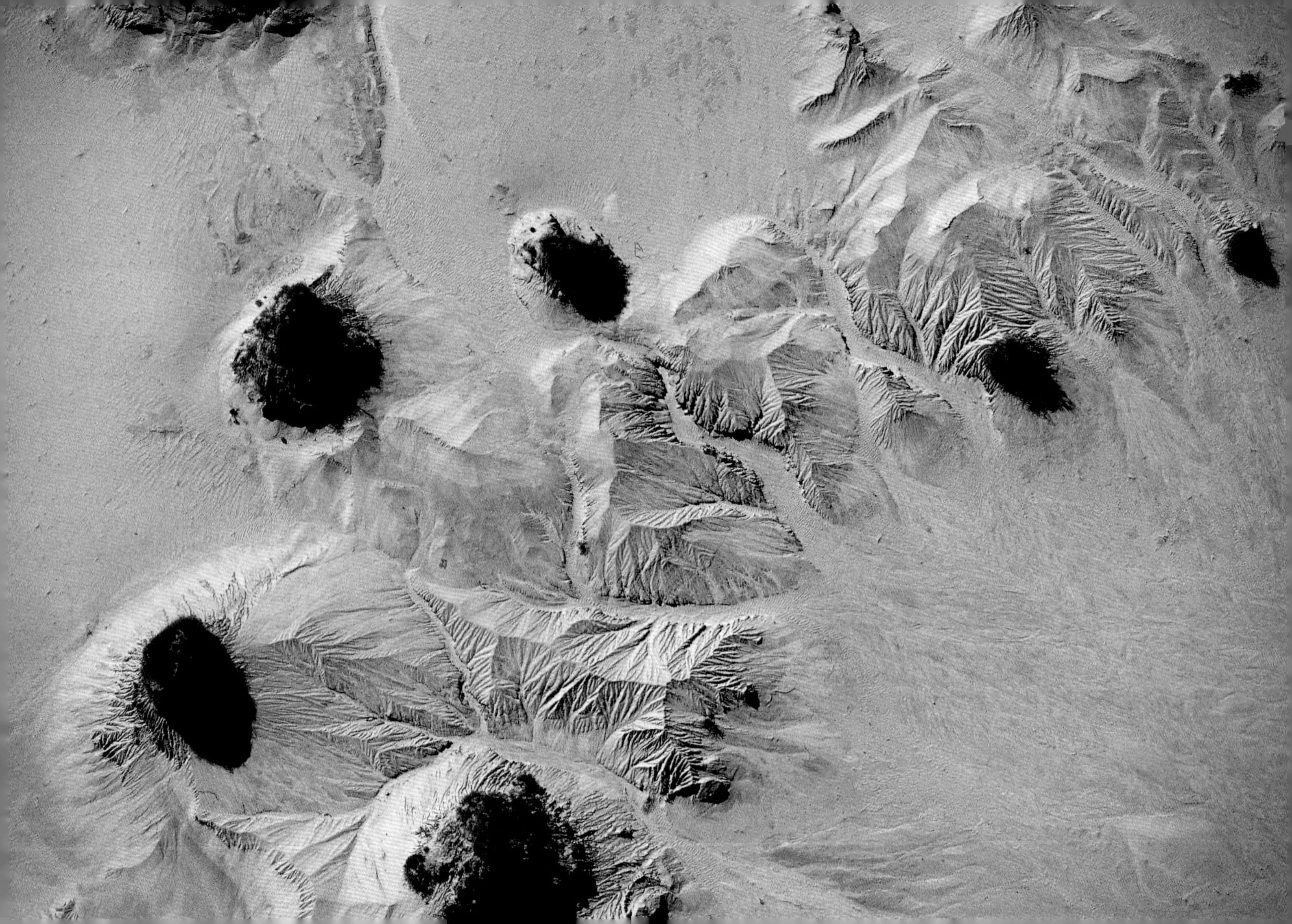

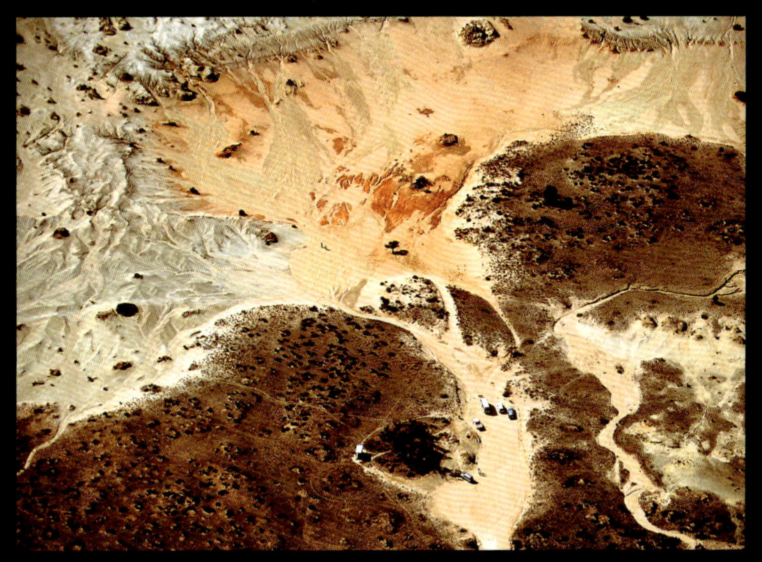

178和179

新南威尔士州西南蒙哥国家公园的中国墙，从空中看是平的，但是这个由远古湖泊边沙丘冲刷而成的地方成为引人入胜的风景。这个世界遗产地显示，土著人的祖先可以追溯到至少6万年前，那个时候威尔兰德拉湖还是满的。2003年，数百个2万年前人类的脚印在这里被发现。

180
在新南威尔士州边远的西部，喂牛的水由风车从地底蓄水层抽出。

182

新南威尔士州西部，死去的桉树林分布在金彻加国家公园的一条干枯的河道两边，公园横跨达令河两岸。

慷慨的土地

FLYING HIGH

185左

辛德玛什岛位于南澳大利亚亚里山德里娜湖、墨累河的终点，一条狭窄的沙带把湖和海分隔开。

澳大利亚通常被称作是"骑在羊背上的国家"。甚至现在，虽然采矿业、服务业和其他工业的重要性日益增长，澳大利亚依然是世界上最大的羊毛生产国，从这个国家1.04亿只羊（5倍于人口）身上产出的肉类和羊毛，每年出口约值40亿美元。

12万个农场占有澳大利亚60%的土地，因此农业成为其最大的土地用户。每年，农业出口价值300亿美元，主要产品是小麦（最大的单一商品）、牛肉和其他肉类、奶制品、棉花、糖、羊毛、酒、饲料、麻、油籽、豆子、大米、种子、花生及烟草。

在澳洲大陆，农业带和雨带、森林及聚居区的分布一样，它们是：沿湿润海岸线的小块狭窄耕地，精耕细作且高附加值的农业；台地上大块的混合农产品；更远的内陆和遥远的干旱地区分散放牧的绵羊和小麦农场。而大型农场则沿着大部分干旱内陆区稀疏地分布，那里的牛羊放牧在未经改良的牧场中。

这是一个边界骑行者需要骑行数周方能到

185右

游客踏桨船航行在曾经由大轮船运输羊毛和其他产品的墨累河上。

186

新南威尔士州墨累河畔，灌溉果园和小块的混合农田拼成了一幅画。

慷慨的土地

达、飞行医疗服务罕至的地区，土著民在其发展工业中扮演着举重轻重的角色。这是一片传奇的土地。13岁的基得尼·基德曼爵士曾经作为一个牲畜贩子，带着5个先令和一匹独眼马离开了家乡，在这里建立了世界上有史以来最大的、占据澳大利亚3%领土的农牧业王国。

这也是一块令人窒息的炎热和孤立的土地。干旱很寻常，风车也许能从地下抽出仅有的水，家园被遗弃给大风和尘土。随着时间的流逝，在干旱牧场上放牧的收益变得越来越小。

北澳大利亚的稀树大草原也是放牧地。更多降水和流动的河水来自由湿润而干燥的热带气候，它们从西澳大利亚金伯利地区伸展，穿越北部领地、海湾地区和约克角半岛，向南直到昆士兰中部。这里是一个生产肉牛的国家，因为绵羊主宰不了气候，通往市场的道路也很遥远，获得资产非常不易。

中度的降水和温度条件对大多数小麦产地的农产品来说还比较理想。澳洲的主要农业区在大分水岭从南昆士兰州绵延，穿过内陆的新南威尔士和维多利亚。小麦作为澳大利亚最大宗的单一作物，正常年景每年产量约2425万吨，超过1/3的产量来自于西澳大利亚州。曾经自然生长的大小桉树林自从白人定居者到来后就被改造，取代它们的是春秋

慷慨的土地

之季笨拙的收割机。

桉树林仅仅分布在有坡且不太肥沃的地方，那里有足够的灌溉用水，放牧着牛羊，棉花和稻谷也是重要的作物。澳大利亚棉花出口已经增长为世界第三，其90%的产量来自于新南威尔士北部和昆士兰州南部的达令河盆地。但是，从河里抽来用以灌溉棉花地的水量已经成为一些下游农场主的难题。

水稻是另外一种需要灌溉的作物，主要来源于马兰比吉河灌溉区、克林姆伯力灌溉区和新南威尔士州南部的墨累河谷，大约1500平方公里的土地年产超过121万吨稻米。其他依赖于灌溉的的作物还包括葡萄、水果、蔬菜、糖和奶酪。在这块干旱的陆地上，灌溉作物用掉了澳大利亚72%的水量，导致了严重的环境开支。

全澳大利亚每年水土流失的损失达到35亿美元，1/3的河流由于抽水和营养流失而退化，5%的可耕土地受到干旱和盐碱化的破坏。由于全球气候变化，持续干旱使农民无力招架，问题正在扩大化。但是，澳大利亚农业仍然属于世界上最先进也是最有效率的，农民和政府正在一起合作同退化作战、确保土地的生产力。

湿润的海湾带没有这种水的问题。从库克镇到阿德莱德的整个东海岸，在西澳大利亚州的西南海岸和塔斯马尼亚的北部和东南部，小块耕地产出了大量高价值的产品，尤其是水果、蔬菜、奶制品、面粉和一系列家畜。

190
新南威尔士内陆一处剪羊毛的小屋。成群的绵羊等着进入剪毛机，有的已经剪完。一堆堆的羊毛被捆扎起来，等着运走。

昆士兰州平坦的海滩平原极适合甘蔗种植。收割前焚烧作物，强壮的砍甘蔗工人在热浪中汗如雨下，玩具小火车运送甘蔗……这些古老的而罗曼蒂克的方式已经改变。每年产糖近606万吨，使澳大利亚保持着世界上第二大糖出口国的地位。

从新南威尔士成为殖民地不久，澳大利亚的酿酒工业就开始了，但一直是断断续续地发展。直到19世纪中叶，好酒的德国移民在南澳大利亚巴罗萨河谷建立了葡萄酒庄园，那里迄今还是葡萄酒重地。最近几十年来，酿酒工业在整个澳大利亚乡村地区迅速发展，也发现许多地方种植用于酿酒的葡萄，如席拉、赤霞珠、梅乐、霞多丽、赛美容和鸽笼白。现在，每年约有7000个种植园和1800个酿酒厂生产2.64亿加仑酒，一半以上出口。凭借其质量，澳大利亚葡萄酒在国际舞台上赢得了荣誉——甚至威胁到了法国人。在澳大利亚变化的乡村，在绵羊牧场之间，沿着小山蜿蜒的整齐酒架已经变得越来越常见。

192和193

西澳大利亚州的小麦带，犁过的土地等待播种。

194和195

西澳大利亚州偏远的北部，巨大的奥德河大坝为将近120平方公里灌溉作物提供水源，边界一直延伸到北部领地，包括甘蔗、香蕉、瓜等大多数农产品出口到东南亚。

196和197

辛德马什半岛奶牛场的初创几乎和航运在墨累河兴起同时。今天，一些奶牛的生长仍伴随浇灌的轰鸣声。经过和传统的纳佳林德亚里人争论后，2001年，一座大桥把这个岛和大陆连在一起。

198

一条小河蜿蜒流淌过墨累的一个混合农场。

199

收割后焚烧的小麦秸秆在南澳大利亚的小牧场曾经很常见，但是其对土壤肥力的破坏现在备受争议。

200和201

巴罗萨河谷的葡萄园可以追溯到19世纪中叶，当时许多嗜酒的德国人移民到这个地区。

MACUMBA

202和203

许多内陆农场很像小村庄，但最近的服务也有几小时路程。马砍巴居住点(左图) 临近奥德纳达塔，位于福林德山脉北部，两地都是南澳大利亚遥远而干旱的地区。

204和205

昆士兰州洛克汉普敦附近，潮汐水道灌满了盐蒸发湖。

206

一片甘蔗田整齐地排列在班达伯格附近。蔗糖是昆士兰海湾地区主要农产品之一。

208和209

昆士兰的精耕细作的农田。虽然农业在1950年之前一直占澳大利亚GDP的80%，但今天这个数字已经降到了3%。

210-211

甘蔗田回退到昆士兰的埃里奥特黑兹小镇。

212-213

大型葡萄园是新南威尔士亨特河谷的一大特色，也吸引着来此度周末的悉尼游客。

214-215

位于维多利亚菲利普湾港口的西北，南维利比的喷灌作物。

216-217
墨尔本东南克莱得的农田

218和219

米尔迪拉墨累河边灌溉的农田。

220和221

米尔迪拉地区是澳大利亚最重要的农业产区，出产全国绝大多数干葡萄树和鲜食葡萄，以及干果、橄榄、蔬菜和柑橘。

223
空旷的小牧场上，原本放牧的牛被拿出来频繁交易。这是内陆干旱地区常见的景象。

224和225
收获的原木堆积在塔斯马尼亚北部德文波特的一块土地上。

226和227

郎塞斯顿附近一个非常整齐的混合农场。塔斯马尼亚北部肥沃的土地出产不同的农产品，尤其是蔬菜和奶制品。

228
借助一条小溪的大坝，郎塞斯顿附近一个农场获得了可靠的降水。

229
塔斯马尼亚，一条泥泞道路穿过德文波特南部的乡村。

地下财富
FLYING HIGH

231
被上天眷顾的澳大利亚拥有丰富的矿藏财富：纽兰拜的钒土矿和精炼厂（左图），约克角半岛韦帕的钒土矿（右图）。

澳大利亚的地质条件使之具有丰富矿藏，包括世界闻名的经济矿藏锌、铅、镍、矿砂（金红石和锆石）、钽、铀，以及主要的钒土矿、黑煤、褐煤、铜、金、铁矿石、工业钻石、锂、锰和银。自19世纪50年代淘金潮以来，澳大利亚的地下财富已经为其带来了发展和繁荣，现在每年的矿产出口价值达650亿美元。

从单枪匹马在约克角半岛挖掘锡和黄金，到挖掘塔斯马尼亚西部深深的岩石矿，再到西澳大利亚州皮尔巴拉拉特罗布山谷的巨大露天矿，采矿业覆盖范围极广。一些矿藏分布超过几千英亩，支撑了一个交通基础设施网络和整个城镇。尽管矿区面积只占全国的0.02%，但相关产业主导了该地区的风景，尤其是那些有煤、钒土矿和铁矿石的地区。

由于缺乏石油储藏，澳大利亚的首要能源是煤炭。煤炭还供应了绝大多数发电厂，并有价值120亿美元的出口。煤炭业是欧洲移民到来之后首先发掘的矿产之一，今天，东部的昆士兰州、新南威尔士州和维多利亚州是主要的矿区。在悉尼四周，悉尼盆

232
自从1893年发现冲击堆积物之后，西澳大利亚的卡尔古利一直是采金中心，现代化采矿业在此十分兴盛。

地下财富

地分布广泛的地下黑煤堆积层闻名于世。一般情况下，煤炭位于盆地边缘靠近地表的地方，这也是大多数矿产被发掘的地方。而这，一直可以追溯到手拾马拉的殖民时代。

悉尼南部的爱尔瓦拉海岸地区和蓝山山脉西部的利斯戈周围，绝大多数矿产在地下隧道被大型长壁采矿机运出，这种机器干完整个矿层，上面的砂石层就会垮塌。

在亨特谷较浅的矿层是露天矿区，那里是由大量开凿机、卡车、尘土、囤积物资和运输带组成的乡村。类似的景象也存在于昆士兰州的波温盆地及其东南部地区，那里的采煤业在过去30年迅速发展。维多利亚州富藏一种燃烧质量差、质地更软的褐煤，而大多数褐煤产于拉特罗布山谷，那里的煤炭被从大型的开口矿井运到附近的蒸汽动力电厂。澳大利亚对燃煤的依赖使其在全球气候变化方面遭到非议。但是，在维多利亚州，把水从地下抽到地上的现代版传统农场风车变成了乡村风景中越来越常见的特色。

澳大利亚有限的石油产出主要来自于巴斯海峡的近海平台，发展同样从帝汶海开始，收益也与东帝汶分享。天然气田则位于澳大利亚中心和西澳大利亚的西北大陆架。

铝主要来自钒土矿，产于澳大利亚热带肥沃的红土层。最富的钒土矿在北部的西澳大利亚达令山脉高夫和“公司城镇”韦帕周围的约克角半

地下财富

岛西部海湾，那里矿砂出产于海岸线上的红色悬崖，离荷兰航海者第一次登陆澳大利亚的地方很近。在韦帕，除去树林和表层土就可以挖掘到下边的钒土矿，之后可再安排种植。那里被橙色闪亮的钒土矿所覆盖，与蓝色的沉降池塘形成鲜明对比。

半岛的土著居民一直是本土土地权力运动的领导者(如著名的承认土著居民田园出租权的高等法院判例)，钒土矿的开采也是在磋商中进行的，法律承认土著居民的就业和其他福利等。

穿越西澳大利亚遥远的皮尔巴拉，那里是另一个重要的矿产出口地。巨大的200吨载重卡车把铁矿石从开口矿区拉到碾压厂和筛选厂，然后被火车运到港口。令人震撼的一幕就是目睹一列3公里长的火车碾过点缀着黄色鬣刺的美丽红土悬崖，有超过3个火车头和250节货车。

古澳大利亚陆地表面长期的风化把矿藏沉积，铁含量达60%或者更高，这也使澳大利亚成为世界上最大的铁矿石出口国。

钻石称得上是"姑娘最好的朋友"，它是澳大利亚的另一种重要矿产，尽管产量相比并不大。产自金伯利地区阿盖尔沉积带的钻石多数只有工业质量水平，用于钻井和切割装备制造者。只有5%能达到宝石级别，少数例外。

珍稀矿产黄金曾对澳大利亚的殖民发展至关

地下财富

重要，今天也不例外。黄金第一次在澳大利亚被发现是在1852年新南威尔士州的巴瑟斯特，然后是维多利亚的巴拉拉特和奔迪戈附近。后来，淘金潮席卷至西澳大利亚的库尔加迪和卡尔古利，以及约克角半岛东南。

淘金潮带来了淘金者的迅速流入，使澳大利亚的人口在十年内增长两倍，推动了港口、内陆城镇、交通路线和通讯的发展。

近年，新科技使得澳大利亚许多低品级的坚硬岩石沉积也能够被开采，包括西澳大利亚的金矿和在其他各州及领地。那些关于黄色金属及其历史的浪漫史仍具神秘性。

南澳大利亚沙漠里巨大的奥林匹克大坝下地下矿藏丰富，黄金曾被作为铀和铜的副产品而提取出来。自1945年在日本的核爆炸以来，铀矿一直存在争议，作为拥有世界最大铀矿储量的奥林匹克大坝地区的开采，使得澳大利亚深陷争论。虽然目前只有三个矿被开发，但因为社会的广泛关注和政治因素，以及全球气候变暖的事实，争论变得越来越激烈。核电站能作为解决全球变暖的手段之一吗？或者是导致更多问题的罪魁吗？

北部阿里加特河地区作为铀产地也会遇到环境问题，那里大量铀矿床和一个工作矿临近有澳大利亚自然遗产“皇冠珠宝”之称的世界遗产卡卡杜国家公园，而矿藏被公园重要的湿地和有许

地下财富

多古代岩画、色彩缤纷的悬崖所包围。虽然土著居民从矿藏中获益，但是要获得他们的支持却不容易。地下矿藏通常比露天矿藏更少值得炫耀，但其却是同交通、电力和相关工业一样能产生出创造的地方。

塔斯马尼亚西部是重金属富集的地区之一，那里的城镇泽罕、罗斯贝里和皇后镇因为铜、铅、银和锡矿而出现。昆士兰西部的伊萨山富含铜铅锌矿；在新南威尔士内地的布洛肯山，银铅锌矿砂已经被开采超过100年——那是一个经济繁荣与萧条相交替循环、长期发展的地方。

在一个10亿美元数量级的工业项目中，最后一个也许是澳宝石（猫眼石）矿。在成千上万吨尘土中它火焰般的闪烁，就像是大海捞针，这种项目适合小规模的挖掘者。尽管机械也被越来越多地应用，但澳宝石的生产依旧以孤独者和艰苦的"外来军团"为生力军，而像库波帕迪（南澳大利亚）、白崖和莱宁山脊(两个都位于新南威尔士州）等这样的地区为他们的据点。

澳大利亚生产了全世界95%以上的珍稀澳宝石，留下的"月球地形"般的洞穴是搅动过的泥土和废物堆。在库波帕迪炎热的气候下，挖掘者们居住在舒适的地下掩体中，幻想着有一天找到那些难以捉摸的、令人惊异的石头，圆他们的发财梦。

238和239

先进的技术和坚挺的黄金价格使从卡尔古利露天矿中开采少量黄金变得具有吸引力。

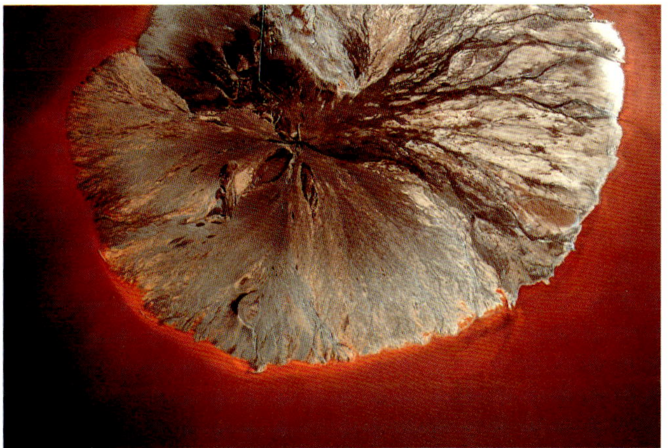

240和241

阿南地东部的戈夫半岛纽兰拜，从钒土矿有色的废水处理池得到的自然氧化物。

242和243

卡奔塔里亚湾东侧、约克角半岛西海岸的韦帕，开采钒土矿始于1961年，如今年产量已经增长到1819万吨。矿石被南运到格拉德斯通加工，操作过程包括去掉含铝成分的砖红土层。

244

饱受争议的兰杰铀矿位于卡卡杜国家公园和传统土著领地之内。

245

“兰杰操作流程”显示了库存、废渣大坝、矿井和加工厂，这里每年生产5500吨铀氧化物。

246

黑煤在利克里克的露天矿井开采，其位于南澳大利亚沙漠边缘的阿德莱德以北567公里。

247

来自利克里克的煤炭供应阿古斯塔的电厂。

248和249

在利克里克，必须首先除掉上面的岩石才能达到下面的煤层，这个过重的负担通过出让股权给新居民来解决。

250和251

南澳大利亚西部的托伦斯湖西部，挖掘物和废渣堆像麻子一样分布在在安达摩卡的澳宝石矿场上。澳大利亚拥有世界上这种珍贵宝石的多数。

252和253

昆士兰西部的伊萨山，大量沉积的银、铅、铜和锌矿被开采，大坝则用于截留废渣。

254和255

“废渣大坝”和其他废水处理结构主宰了地面。但是，伊萨山的地下则有着澳大利亚最广阔的、长1000公里的隧道和深入地下1800米的钻杆。

257
在伊萨山，来自地下的废石不断堆积成山。

258-259

韦帕钒土矿。热带稀树大草原最先被大量清除，木材获得丰收；然后表层土壤被堆积；在取走下面的矿石层之后，表层土壤被回填，再种上本土植被。

261

昆士兰州的铝业生产建立在中部海岸的格拉德斯通港基础上，那里铝精炼厂和铝熔炼厂产生大量的废水和加工残留物。

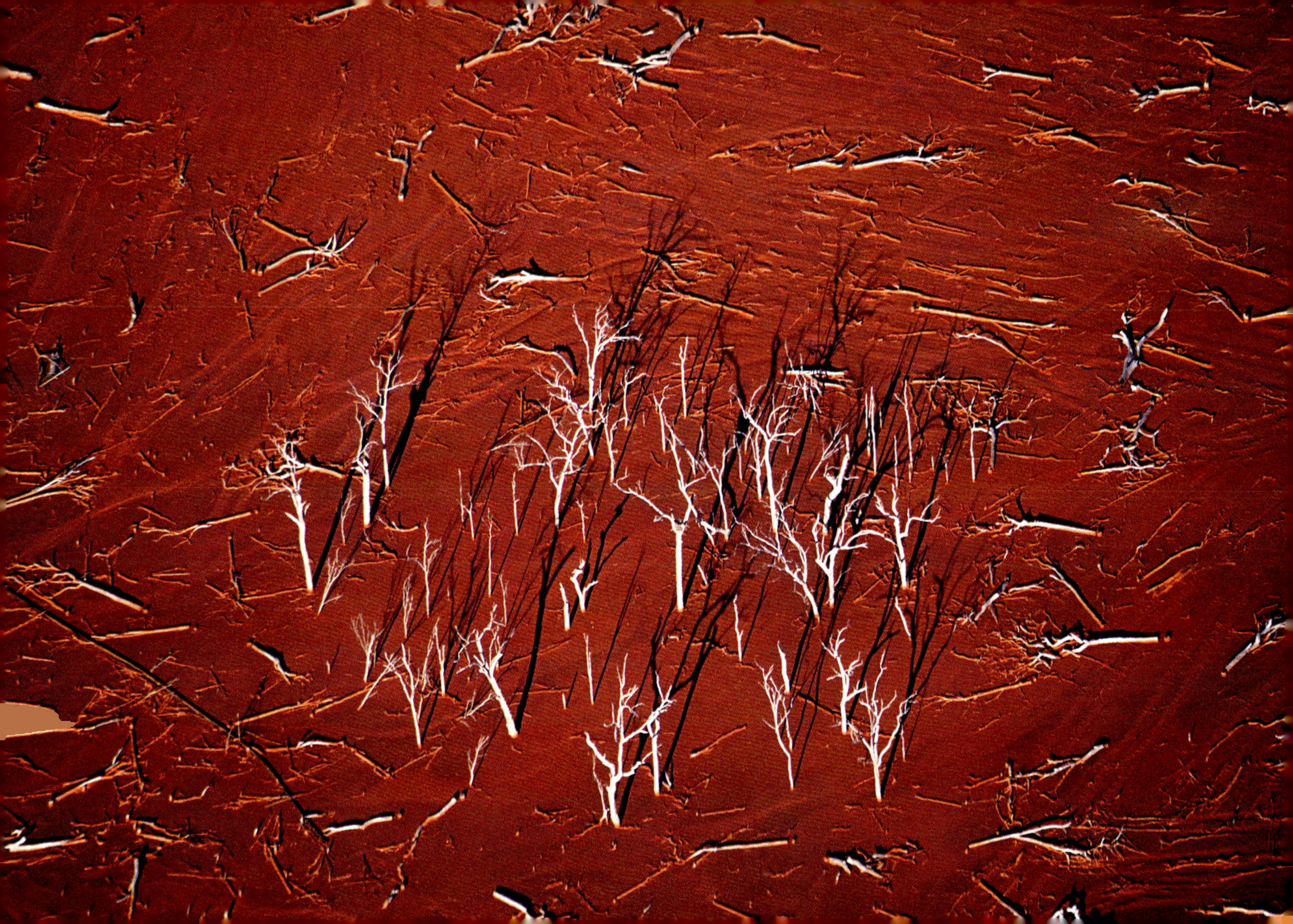

262和263

塔斯马尼亚西北是世界上最多矿藏的地区，废渣大坝是瓦拉拉附近的铜矿的一部分。

264

塔斯马尼亚西北部，地球的色彩被瓦拉拉附近的露天矿所揭示。

265

塔斯马尼亚的拉塔港，碾碎的矿砂用一条来自萨瓦格河矿床85公里长的矿浆管道输送，加工成小球并被堆积起来准备出口到日本。

BW 31

植物天堂

FLYING HIGH

267
约克角半岛西海岸的潮湿森林（左图）；维多利亚吉普斯兰高耸的海岸桉树林（右图）。

澳大利亚有如此多的沙漠，很难想象它曾经是一个湿润绿色的大陆，从大海到大海覆盖着广袤的雨林。但那只是在1亿年前，当这个大洲还是冈瓦纳古陆一部分的时候。当澳大利亚走自己的路、从极地向热带移动，就变得干燥了。远古的湿润森林退缩到潮湿的角落，远离干旱和大火；而干旱森林物种进化、适应，并且把它们的领地扩展到各地。当土著居民到达时，大火推动了更多变化。

仅仅两个世纪以前，欧洲殖民者发现了一块草木丛生的大陆，但这只是个幻想。在潮湿的林地边缘，树木开始变得矮小而分散，然后一起消失。在辽阔的内陆干旱地区，只有灌木和穆拉加树能够生存。新国家只有不到8%的领土拥有森林，另外22%是更矮小的林地和小桉树林（矮小多茎的桉树）。奇怪的是，澳大利亚的森林和地球上其他任何地方都极不一样，占统治地位的桉树有700多种（只有很少一部分能在巴布亚新几内亚看到），而2300多种其他树种中绝大多数都不能在其他地方看到。

从婆娑的被斧头砍过的桉树林到无法想象的密集“灌木”（雨林），这些森林对于那些新移

268
北部领地巴瑟斯特岛，排水的微小变化使一条蜿蜒的小河边突兀出一个丰富的热带森林世界。

植物天堂

民来说是障碍也是挑战。他们的第一个行动就是在悉尼湾砍伐一些树，至今澳大利亚人还没有停止这一举动。从1788年起，澳大利亚的森林便被焚烧、砍伐、清理等，目的是为城镇、农业、牧业和工业让路。今天，殖民前的自然森林和林地只有约2/3得以幸存，它们大多数位于崎岖山村，由国家公园和生产用森林所有，而农业平原上的林地则遭受到彻底清洗，只有内陆地区的穆拉加树幸运一点。

在当前气候条件下，澳大利亚的自然森林（树高超过2米）局限在一块从北部、东部海岸到东南部和塔斯马尼亚的环状多雨带内，还有一块是在遥远的西北部。它们只覆盖了大陆的1/15，其2/3是小桉树林和林地。

桉树林和林地是澳大利充满阳光的"灌木丛"。头顶稀疏分布的桉树叶、地上干枯的草地、其间凌乱的灌木丛，这些被19世纪风景画家完美捕获，如汤姆罗伯茨、亚瑟斯特里顿和弗雷德里克麦克库宾。森林分布广泛：从北部热带稀树大草原排列到山区和西南角的是高而密集的森林，高山林线上有矮小雪桉林，大分水岭西部斜坡是草样盒状林地，沙漠边缘则为小桉树乡村。

在塔斯马尼亚深深的峡谷里，受"咆哮四十度"带来山区降雨的滋养，世界上最高的开花植物"高山桉"成为一种生长快而又笔直的强势树种，它高100米，仅次于最高的加利福尼亚巨型美洲杉，击败了争夺阳光的其他桉树邻居。高山桉树林实际上是混交林，巨大的柱子般树干从一片混乱的树蕨、腐烂的原木和那些有机会比桉树长得还高的小雨林树木中升起，它们将获得更多成材机会。如果没有山火来产生新的桉树种子，那些老的桉树几百年后将死去。

塔斯马尼亚的森林也是争议的焦点。当澳大利亚一些最后的“古老长命”树林仍然被砍伐出口的时候，大多数其他州已经放弃了砍伐原始森林，转而重新种植森林和人造林来满足木材需求。在公众舆论的谴责和强烈的反伐木抗议活动中，砍伐野生树林比重新种植更快的现象变得越来越明显，威胁着这个工业的整个基础。

在碳贸易的推动下，木材种植的投资加速，人们用种树的方式降低碳、抵消二氧化碳的排放量（一种短期有可能对温室气体全球增长没什么影响的措施）。澳大利亚森林现在包括超过17000平方公里的木材种植林，大部分树种是引进的松树和本土桉树。

关于森林的争论也发生在西澳大利亚州，这个沙漠州的森林虽少，但却拥有全国第二高的树。宏伟的红柳桉树和红桉树只生长在西南角的一部分地区，那里有足够的降水。一些森林在国家公园内受到保护，但是大部分地区可以采伐。

澳大利亚的林地占据一块较少降雨的内陆地带，广袤的雨季旱季交替的热带稀树大草原大部分也保存完好。在一个湿季草原，明绿色的桉树林里有时长满开花的白千层属植物，点缀着泥土色调的白蚁土堆，它的艳丽色彩穿越北昆士兰州、北部领地和西澳大利亚州的地平线，消失在干旱的灌木丛之中。

对那些位于更南部温和气候下的林地来说，很不幸地被白人探险家认为适合绵羊生存和

植物天堂

小麦种植。维多利亚州西部、新南威尔士州和昆士兰州的盒状林地（盒子是一群桉树）也许是这块大陆上破坏最严重的生态系统，林地只存在于一个小群岛和狭窄路边地带。自然状态下，这些林地是一个野花盛开、鸟儿鸣唱、袋鼠在金色草地上跳跃的美好之地。

别的地方，由于降水变得更少，多数桉树放弃了战斗，只有阿拉伯树胶统治着那里。穆拉加树（一种阿拉伯树胶或金合欢树）到处存在，以至于用它的名字来命名这里的整个生态系统。穆拉加灌木林断续延伸，从新南威尔士西部到印度洋，从北部领地到阿德莱德。穆拉加树是沙漠土著人制造矛、刀、标枪和挖掘杖的主要原材料，也是一种不弯曲的木材。

还是有一些桉树幸存下来。站在一片干涸的河床往下望，灰白色的树梢蜿蜒的狭长路线就是桉树林，这是一片澳洲大陆上长寿而最广泛分布的树种。沿着这些山的山脚和其他有更多湿润水汽的地方也许能看见红木，有着光滑、白如婴儿肌肤一样树干的鬼神桉树高高站立在崎岖山岭之上。

另外一种有特色的沙漠居民是沙漠橡树，能够长到15米高，树根能深入地下两到三倍树高的有水处，这些黑色的树在最荒凉的地方看起来却总是郁郁葱葱、生机盎然。

在澳大利亚气候的另一个极端处，冈多瓦古陆森林那些柔软的绿色存在于多雾多雨的海岸山脉，那里是它们的避风港。它们沿大陆东部边缘，从约克角半岛到塔斯马尼亚呈残余状零星分布，面积加起来只有23平方公里。根据气候和复

植物天堂

杂性，它们分成好几类。

最茂盛也是分布最广的是昆士兰州北部的热带雨林。动植物不可思议的多样性意味着在一英亩土地上能有几十种树种，其中一些属于最早的开花植物家族，它们也存在于世界遗产名录中。它们蔓生在高耸的山间，受澳大利亚最大降水（高达10米/年）的影响，有时会跃进溪流和瀑布，这里也成为澳大利亚干旱森林物种的进化地。巨树有45米高、3米粗，使千年的热带雨林成为这个国家最令人鼓舞的荣耀。

向南，从昆士兰中部到维多利亚，降水和温暖开始下降，呈现的是更少变化的亚热带和温带雨林。尽管雨林土壤快活地履行着自己被误解的承诺，许多原始低地表面还是相当早地就被改成农场。在这些森林中生长着殖民时代的“绿色金子”，它们就是易于加工、美丽名贵的红香柏。而今，这些美好的树种只能在野外山地溪谷里被发现。

开始于昆士兰－新南威尔士边界山脉最高的海拔地，到达塔斯马尼亚的海平面，凉温带雨林与其他类型相交迭，这些永恒的南部山毛榉森林和新西兰、新喀里多尼亚、巴布亚新几内亚及南美洲的类似森林有紧密联系。它们在薄雾中浸湿，悬挂着苔藓和地衣，那里绿色腐烂的原木深深堆积，那里的蕨类植物要么浓重要么暴露在地下……这些黑色而安静的林间空地唤起了另一个时代，那是一个已经消失了的古老的冈多瓦时代，那是一个孕育澳大利亚森林遗产的深远年代。

274和275

潮汐红树林填满了金伯利海岸线被淹没的小山浅滩。

276和277

金伯利海岸的红树林用潮汐排水形成的水道组成了精细的图案。这里的潮水形成了强大流量，高达12米，号称世界最高。

278和279

当金伯利红树林获得了从大陆湿季雷雨冲刷而来的沉积层，就形成了非凡的图案。红树林森林也是重要的养鱼区。

280

昆士兰州中岛，混交林围绕着被沉积物染色的湖泊。

283
一片热带稀树大草原林地沿着北部领地的维多利亚河让路给沼泽地。

284
阿南地海岸，一片潮汐平原流向稀树大草原。

285
阿南地热带森林中，旱季落叶林层林尽染。

287

热带雨林只覆盖了澳大利亚的很小一部分，但却是几百种动植物的家园。棕榈树从风暴角附近和湿润热带世界遗产地黛恩树国家公园稠密的天棚中凸现出来。

288

约克角半岛拥有大陆上最丰富的红树林。这片红树林位于肯尼迪水湾，边上是大分水岭海洋公园。

289

约克角半岛的海岸沼泽地是一个复杂"植被马赛克"的一部分。

290

死去的桉树矗立在洛克汉普敦北部的河边森林中，它们也许是被洪水或其他排水的变化所致命。

292

约克角半岛西部海岸有大片盐碱地。

293

一条小溪流过约克角半岛谢尔比尼湾树丛茂盛的荒野。

294-295

蓝和绿相会在降灵群岛的一个岛上。

296-297

一条小河蜿蜒穿过降灵群岛的一个海洋公园。

298和299
低洼的湿润森林与约克角半岛一条不知名小河的曲折交会。

300

卡奔塔里亚湾的浅海湾边缘是澳大利亚最低的地方，那里的潮汐冲进内陆几十英里，形成巨大的盐碱地。

301

一条狭窄的红树林地把海湾的潮汐平地从开阔水域分割开来。

303
约克角半岛东部海岸的一条红树林水道。

304

皮特波特山的花岗岩尖顶把黛恩树海湾的雨林分开。

305

受到每年几英尺降水的滋养，黛恩树国家公园的崎岖花岗岩小山被由几百种不同树种组成的热带雨林所覆盖，其中一些树种的源流能追溯到最早的开花植物。

306-307
婆娑的白千层树在约克角半岛海岸的潮湿地形中幸存下来。

308

稠密的海岸桉树林覆盖了新南威尔士州古老的沙丘，湿地则填满了沙丘盆地。

309

新南威尔士州西部平原的威尔蓝德拉国家公园，威尔蓝德拉溪弯弯曲曲地流经被肥沃黑土和自然草地包围的河边森林。

310
一只死去的"雄鹿" 彰显出新南威尔士州南部海岸桉树林的高大。

311
在梅里布拉南部，大片的温带桉树林把沼泽地分成几块。

312

位列世界遗产名录的西南国家公园的可靠降水和优良土壤见证了地球上最高的开花森林的存在。公园里受到争议的伐木区中，高山桉和"沼泽靴"(Swamp Gums) 可以长到90米高。

313

德文河是塔斯马尼亚第一条被完全用于发电的河流，泄洪段流经混交林和新诺福尔克附近的农田。

都市风情

FLYING HIGH

315

悉尼（左图），歌剧院是这座滨海城市的地标。墨尔本（右图），亚拉河流过中央商务区。

如果将城市比喻成是现代经济的发动机，那么澳大利亚一定很繁荣。因为它是世界上城市化水平极高的国家之一，有2/3的居民居住在大城市，其他大部分也住在区域性中心中。全国1%的地区拥有74%的人口（原文84%有误，译者注），只有26%的人口分散在内陆的偏远地区。

像各州和领地首府一样，堪培拉、达尔文、布里斯班、悉尼、墨尔本、霍巴特、阿德莱德和珀斯都拥有大量人口。其他拥有超过10万或更多人口的城市中心还包括昆士兰州的黄金海岸、凯恩斯、汤斯维尔，新南威尔士州的阳光海岸、纽卡斯尔和卧龙岗，维多利亚的吉朗，横跨新南威尔士—维多利亚边界的奥尔伯里-乌东加，塔斯马尼亚的郎塞斯顿等。但是，这些城市只是工商业活动较广泛。澳大利亚最古老的城市悉尼有人口420万，是全国最大的城市，但也只排在世界第57位。

在欧洲殖民者到来之前，这里的土著居民人口一直增长着。塔鲁尔人是这里第一个殖民地的主人，他们比其他族群遭受更多的来自疾病、混乱和暴力的痛苦。然而，1788年第一舰队到来后仅仅几年之内，大多数本土居民死于天花和其他新的疾病。

316

新旧（前端）国会大厦位于首都堪培拉的伯利格里芬湖畔。

都市风情

今天，塔鲁尔人的祖先观察过杰克逊港港口的特别之处。大约10000年前，冰川融化海面升高，他们被迫沿着帕拉马塔河谷向内陆转移。尽管这个港口海滨现在被城市的拥挤所改变，但美丽和富饶的自然风景依然诱人。砂岩断崖上凌乱的石南树丛与多瘤的森林、陆地与海洋都一样和谐，那里是猎人云集的天堂。

第一舰队的十一艘船由亚瑟·菲利普船长带领，载着1373人（包括754名罪犯、306名职员、245名海员和其他人），在一番简短动员之后，船队在1月26日（现在澳大利亚的国庆日）向北行驶至杰克逊港，在悉尼湾（今天环形码头所在地）的一条小溪边建立了新南威尔士殖民地。直到两年后第二舰队到来之前，悉尼镇和外界没有任何联系。定居者面临着生存的压力，从内部扩展到帕拉马拉，沿着霍克斯贝里河的冲积平原寻觅能够生长农作物的土地。今天的悉尼仍在扩张，源于新移民安家的本能驱动。郊区向西延伸到坎伯兰平原，但城市总有一天会达到它的自然极限：东部是有陡峭的绝壁和拥有金色海滩的大海边缘；北边、西边和南边是崎岖的灌木丛林，那里是国家公园和提供了城市之肺、水和运动场的集水地区。

大多数居民也许住在郊区，沙滩比以前更流行，但海港仍旧是悉尼的心脏。被城市中心的商务区、北悉尼和帕拉马塔分成三角形，使这个回旋余地极大的海湾和低海岬的组合十分自负，著名的地标海湾大桥和歌剧院成了悉尼湾具有历史意义的所在，附近，城市中心的摩天大楼群簇拥着悉尼

都市风情

塔。从那儿鸟瞰，250米高的塔矗立在喧闹的大街上，优美而古老的建筑物拥挤在闪闪发光的玻璃墙写字楼的阴影下。

一些殖民幸存者曾经仅仅被当作城市老顽固而被拯救，但现在却被看作是悉尼形象和遗产的重要代表。曾经用当地沙岩块和手工垒砌的，类似维多利亚皇后大厦、悉尼市政厅和地政总署大厦一样的高楼，与澳大利亚最具国际化色彩多样化的当代建筑提供了鲜明对比。

第二个英国罪犯流放地于1804年在范迪门地区（现在的塔斯马尼亚）建立，这里也是天然良港。霍巴特现在是最小且最东南的州首府，这个城市在德文特河河口，西边有山，向威灵顿（1217米）山麓延伸，主宰了城市的每个视角。作为唯一的有如此大的山峰充当背景的澳大利亚大城市，霍巴特是幸福的，市民也热爱它的庄严和氛围。包裹在云雾中，覆盖在白雪下，或者在强烈的阳光下盘旋，人们简单地将此描述为"山峰"。

20万人口的郊区伸展到工业化的德文特河河谷，直到东部海滨。1975年，塔斯马尼亚大桥上柔和的圆拱被一艘散装船撞倒，如今却依然连接海滨两岸。但是，霍巴特的魅力主要还是来自于它更古老的殖民时代建筑物。宪法码头每年都有成百上千的团队，这些游客特意到此感受塔斯马尼亚神奇的荒野遗踪。

在大陆的另一端，西澳大利亚州的首府珀斯是全国最孤独的城市，它距离东海岸中心有5个小时的航程。即使是一个边境城市，作为澳大利亚第

都市风情

四大城市的珀斯仍然极具活力，它是一个因矿业繁荣而迅猛发展的现代化大都市。

珀斯横跨在这个巨大沙漠州西南角的天鹅河上，那里140万居民享受着温和的地中海气候，有着温暖的冬天，夏天晴朗炎热。不幸的是，由于全球气候变化，近年来这里的降水骤然减少。

珀斯是1829年由一个受英国政府支持、渴望在澳洲大陆有新发现（类似法国人和荷兰人发现西部大陆）的自由移民者所建立的。这是一个蹒跚的开始，1850年得到更多的政府支持。今天，天鹅河河口前圣乔治大道和城市商务中心闪闪发光的正面，和罪犯时代的办公建筑及大维多利亚结构成对比。400公顷的国王公园、公共海滩、其他开阔场所和河一起，加上附近的一片白色海滩以及良好的气候，确保了珀斯市民们有着户外放松的良好生活方式。

穿过巨大的努纳伯平原向东2100公里，南澳大利亚州首府阿德莱德沿着圣文森特湾的东部海滨延伸。这个精心设计的城市中心位于一片海岸平原距内陆 5公里的地方，临近洛夫蒂山山脚。陆军上校威廉莱特1837年设计的宽敞道路，很好地迎合了100多万市民的匆忙脚步。

从1834年开始，南澳大利亚是唯一一个没有使用罪犯劳力而建立起的澳洲殖民地。在不同时间里，阿德莱德一直以“教堂之城”和“艺术之城”而闻名，现在更以它的博物馆、餐馆、公园和花园而著称。

悉尼之后最大的城市是墨尔本，它是拥有360万人口的维多利亚州首府。市中心的建筑远没有悉尼那样拥挤，但它的天际线却以拥有许多澳大利

都市风情

亚高楼大厦而自豪，最高的是300米高的尤利卡大楼。由于历史原因，墨尔本还以拥有除伦敦之外最多的维多利亚式建筑而骄傲。

墨尔本是由来自塔斯马尼亚的殖民者建立的，约翰·巴特曼来到亚拉，宣布了那句著名的"这是一个村的地方"以后，他用一些基本物资为交换，从库林人的乌伦地立族群代表手中"购买"了这块地。尽管新南威尔士州殖民政府取消了这宗交易，但殖民者却从未犹豫过。

19世纪50年代，维多利亚州的淘金潮繁荣发展，而城市作为一个港口，服务、金融和制造中心也持续发展。从1901年联邦成立，墨尔本是澳大利亚的第一任首都，直到1927年被堪培拉取代。这段非凡的历史遗产包括壮丽的公共场地和公共机构，包括名列世界遗产的卡尔顿花园（1839年）和国际展览中心（1880年）。

墨尔本位于菲利普港口的圆形海湾的头部，在亚拉河的两岸，连同郊区的面积约6000平方公里。平衡而易变的气候受到巴斯海峡和干旱内陆的影响，但即使是用不同标准来评判，墨尔本也都被列为世界上最适合生活的城市，因为它有丰富的文化生活、多元文化环境、轻松和运动的生活方式。

堪培拉由高耸的布林达贝拉山脉边的绵羊牧场发展成为澳大利亚首都，部分终结了悉尼和墨尔本的竞争。澳大利亚首都直辖区（2500平方公里）于1911年从新南威尔士州分割出来，而建设则始于1913年。它是一个被完全规划的城市，美国

都市风情

景观建筑设计师沃尔特·贝理·格里芬赢得了它的设计。

宏大的主题串联在几个具自然特色的轴线上，呈网状图案的环形大街对乘车参观者来说是个麻烦。新国会大厦和其他像国立艺术馆、战争纪念馆、高等法院和国家图书馆一样的公共大厦统治了中心的国会三角带，作为莫朗格洛河蓄水地的贝里格理芬湖形成了一条蛇行东西、穿越中心的水系轴线。

点缀在城市中的林木葱郁的小山被格理芬保护起来，包括在堪培拉自然公园内。受到争议的是刺破青天的地标黑山塔，它是一个通讯设施和旅游热点。因集中规划和政府慷慨所赐，堪培拉享受着其他很多城市艳羡的社区、交通和休闲设施。在这个全国最大内陆城市的32万居民中，大多数服务于政府及其特别机构。堪培拉也是一个发展中的热门旅游目的地和为周围郊区服务的中心，而郊区已经逐步稳定地扩展到农场。根据规划，堪培拉将保持为一个轻松的城市，有大量的空间易于拓展。但是，这却不能对反复无常的澳大利亚环境产生免疫力。在2003年，一场干旱和极端气候促发的山林大火横扫西部郊区，将近500家庭无家可归。

澳大利亚最小且最北的首府达尔文也感受到了自然之手的魔力。1974年，生成于帝汶海的热带飓风特蕾西几乎把大半个城市夷为平地。积极的重建已经把达尔文从一个后殖民时代的边缘地区转变成一个一脚在古老的内陆、另一脚在邻近的东南亚的大都市。

达尔文是唯一一个在第二次世界大战期间受

都市风情

到日本飞机轰炸的澳大利亚殖民地，贸易、防卫和港口活动在本土经济中起着重要作用，像几千年前本土的拉拉其亚人与帝汶和爪哇做贸易一样。今天，旅游业和采矿业也是重要的产业，土生土长的澳大利亚人几乎占达尔文种族融合的11万居民的1/4。

1839年，第一个访问这里的欧洲人是登上英国海军比格尔号军舰、后来闻名于世的旅客查尔斯·达尔文，最终以他的名字命名了这个港口。这个当时叫帕默斯顿的殖民地于1869年在南澳大利亚成立，于1911年后移交联邦政府。达尔文开阔平坦的地形和多数低矮建筑足够承受这里极具季风特色的强雷暴雨。

沐浴在凉爽的亚热带气候下，昆士兰州首府横跨弯曲的布里斯班河两岸，处于包括库塔山和格拉瓦特山在内的几座大山的怀抱中，东部郊区则位于莫莱顿湾的海滨。布里斯班开始是作为悉尼的一个荒凉流放前哨存在的。作为熟练的探险家和新南威尔士州测绘局长的约翰奥克斯雷，1823年研究了这些地点，把这个罪犯流放地在一年后建立起来，地点位于雷德克里夫海岸。起初，进入这个地区的通道被限制，在1842年对自由的殖民者开放。当布里斯班成长为一个能独立发展的城镇，罪犯们就被转移到了声名狼籍的圣海琳娜岛监狱。在那里，民谣用严酷的词形容莫莱顿湾“每天都是残暴的统治”。

昆士兰州1859年成为一个单独的殖民地，1902年，它的首府被赋予城市地位。近年来，从南方各州而来的居民使这里的人口膨胀到170万。

324和325

珀斯的商业中心沿着埃斯普兰德和面向天鹅河河口的公园分布，繁忙的客运码头提供了一种去往城市写字楼的快乐交通方式。

326-327

珀斯的天际线映出落日和西澳大利亚州的繁荣与富庶。

ANZ
GRIFFIN

ANZ ANZ
GRIFFIN

328

采矿业的繁荣发展使西澳大利亚州产生了很多百万富翁，他们中的一些人在珀斯码头停靠游艇。

330

布尔伍德赌场是一个新的广受欢迎且获利丰厚的娱乐场所。

331

西澳大利亚板球协会体育场坐落在商业中心附近，是"缓慢游戏"爱好者心中亲近的圣地。

ANZ
AAPT
AAPT
AMP

332

一道彩虹指向国王公园深受爱戴的绿地。

333

从伊莉萨山的国王公园斜坡看，闪闪发光的中央公园大厦（249米）顶部是珀斯的最高点。

334-335

这个西部城市的富足充分地体现在美丽的夜景上。

AXA AUSTRALIA

336
位于弗朗西斯湾边缘的一个码头。

337
主要码头区位于梅尔维尔岛外、比尔格湾之间的半岛顶端。

AANT
DUSTIN'S AUTOS

338-339

这个北方首府在达尔文港北侧拥有宽阔的半岛，朝向比尔格湾；两个名字都来自于乘坐比尔格号军舰于1839年来访的生物学家查尔斯·达尔文。

340和341

澳大利亚最小的首府达尔文的现代化十分低调。1974年，特蕾丝飓风带来了几乎整个城市的毁灭。

342和343
阿德莱德市中心环抱着托伦斯河，东倚洛芙蒂山。

344-345
商业天际线迅速让位于郊区房屋。

346-347
古老和崭新的城市在沿树木成行的北台街林阴大道相遇。

JLW JLW

布里斯班

348-349

布里斯班市耸立在布里斯班河的拐弯处，远处是市立植物园和库克船长大桥。

MLC
IBM

350-351

办公大厦的楼群从河岸边升起，直到花园枝叶繁茂的天蓬上。

AMP
GWA

纽卡斯尔

352

防波大堤在纽卡斯尔亨特港的入口驯服了太平洋，这个新南威尔士州第二大城市的郊区延伸到中央商务区。

353

新南威尔士州海滨城市有岩石平台的两个沙滩浴场，白领们能在纽卡斯尔的海滩游泳或冲浪。

354

纽卡斯尔从一个罪犯前哨成长为采煤和钢铁的工业中心，熙熙攘攘的港口一直是这个城市成功的重要组成。

355

城市的"中心"实际是在城镇的边缘，那里是从悉尼来的火车的海边终点。城市的其他部分向南沿着海岸绵延，向西直到亨特河南岸。

356

从海湾大桥南望，可以看到左边的悉尼歌剧院、领地公园、植物园、中央商务区前面的悉尼港客运码头和游船码头，岩石区和瓦尔什湾手指一样的码头在右边，达令港在后面。

357

高305米的悉尼塔主宰了城市的天际线。

358

从悉尼塔上看，亚奇伯德喷泉在海德公园穿过大街。圣玛丽大教堂，这座哥特复兴式教堂修建于1865年至1928年。

359

有着青铜圆顶的维多利亚女王大厦坐落在城市中心的黄金位置。这座完成于1898年的罗马式大厦起初是一个市场，而在20世纪80年代初，它几乎被当成停车场，后来才被重新发展成高档购物大厦。

AMP
National Mutual

360

日出给位于便利朗角的悉尼歌剧院这些"贝壳"镀上了金边。这座由约翰·伍重设计的20世纪伟大的偶像建筑经过了一段动荡，于1973年才开放。

361

悉尼塔的独特结构由56根高强度的钢缆网支撑，每根长182米。

362

德宝湾是市中心东部的富裕地区，其后是达令角和伊丽莎白湾。

363

丹尼森堡于19世纪80年代建造于一个小石岛上，防卫悉尼港免遭入侵。

364

小艇停泊在沃森湾，日光浴者喜欢在坎普湾沙滩谈论这一放松的港口生活方式。与之格格不入的是臭名昭著的自杀崖紧邻狭窄半岛的海边。

365

朗斯角把坎普湾与后面的沃森湾分割开。

366

杰克逊港一直是一个工作港，军需品运输被位于景观岛的海军基地安全地间隔开。

367

笛手角是港口南部绝佳的城郊住宅区。

368

许多悉尼人都沉溺于对大海和行船的热爱。

370-371

长滩面临太平洋和砂岩岩床。悉尼有数十个一流的黄金海滩，包括布兰特和迷人的塔玛拉玛，它们长期挤在郊区。

堪培拉

372

首都圈的环形道路包围着堪培拉国会大厦地区。

373

为纪念英国殖民者来到澳大利亚200周年，1988年，楼顶飘着旗帜、具有象征主义的澳大利亚新国会大厦(后楼)取代了经典的"临时"建筑(前楼)。

374

隔着贝理·格理芬湖泛着柔光的湖水遥看国会大厦。沃尔特·贝理·格理芬设计了这个城市，从四周一系列的节点指向风景中具有钥匙特征的主轴线。

375
堪培拉市中心位于黑山山脚，沙利文溪河水缓缓流过。

墨尔本

376和377

墨尔本的金融中心位于亚拉河两岸，亚拉河向东南流入菲利普湾。

378

热气球飘在城市南部的阿尔伯特公园湖上空，远处是菲利普湾港口。

379

从城市中心穿过亚拉河，南门综合大厦和皇冠赌场共同营造了一个娱乐、专卖店购物和美食的中心。

380

阿尔伯特公园的树木限制了圣其尔达路沿线的发展。

381

俯瞰亚拉河的假日酒店。

382

意大利风格的维多利亚州政府大厦于1876年建成，位于国王公园最高点居高临下的位置。

383

战争纪念馆圣地位于国王公园。

ANZ

384和385

墨尔本频繁的雾气和小雨反映了一种海洋性气候，有时和空气污染一起制造出了烟霾。

386

菲利普湾港口海滨的卢纳公园和圣其尔达郊区。

387

位于菲利普湾港口东部海滨野餐角的桑德临汉姆游艇俱乐部之防波堤。

388-389
艺术中心塔刺破城市夜空。

HERALD SUN
CROWN

CLOCKS

390-391
薄暮中的墨尔本都市风景和安静的亚拉河。

392

霍巴特的瑞斯特角赌场是德文特河入口的焦点，后面是城市中心。

393

优雅的塔斯曼大桥于1964年落成，它跨越德文特河，联结霍巴特市中心和东部海滨。

394

1975年，一艘散装矿石船撞沉了塔斯曼大桥的两根桥墩，5名不幸的驾驶者丧生。重修大桥花了两年时间。

396

陆海之约

FLYING HIGH

397左

西澳大利亚州鲨鱼湾东部的干旱盐碱地。

397右

联接弗雷希洛特半岛和塔斯马尼亚东海岸的花岗岩沙滩地峡。

自从冈瓦纳古陆被分开，海洋就包围了澳大利亚，并控制着它的命运。与世隔绝诠释了这个国家独特的生态系统，就像它与人类迟到的约会。也许是5万年前，土著居民的祖先第一次乘坐他们的独木舟到达了澳大利亚北部海滨；直到400年前，第一批欧洲人才乘坐他们的航船触摸到这个伟大的南方大陆。

两种人的第一个定居点都建在海岸，直到很晚才深入内陆地区探险。今天，大海仍旧是多数澳大利亚人生活中至关重要的一部分，90%的人住在离海岸50公里远的地方。大多数主要城市也位于大海边缘，稍小些的沿海社区也在茁壮成长。关于去哪里居住，澳大利亚人是用脚投票的。假日里，在海滩游泳、冲浪、玩沙滩游戏、钓鱼、划船、航海、风帆冲浪是全国性的活动，不很健康的运动如日光浴和在沙子上偷懒也是受欢迎的消遣方式。澳大利亚大陆在东部隔开太平洋，在西部隔开印度洋，南部是南海，向北越过浅浅的大海就是这个国家的近邻东帝汶、印度尼西亚和巴布亚新几内亚。这些海水的情绪有点野性，有时却又像破浪的悬崖让路给平静——北部礁石与大海就是这样。

跨越大约30000公里（大陆和塔斯曼尼亚岛之间），从温带到热带，海岸线以各种不同形式出现。

当然，深受人们喜爱的海滩特色鲜明：经

398

大泻湖海平面的盐场是世界遗产地西澳大利亚鲨鱼湾地区与众不同的特色之一。

陆海之约

科学家计算，一共有10685个海滩。如何准确地给海滩下定义呢？研究者定义它为：任意一条在高潮时保持干燥的长于20米的沙滩。更长的是维多利亚90英里海滩，实际上它是一个151公里长、把吉普斯兰湖从巴斯海峡分割开的沙滩。其他大型的海滩在雷斯佩德湖、80英里（128公里）海滩和弗雷泽沙岛。海岸线这些长沙的伸展受到长时间侵蚀，它们是伴有大量沉积物的海边陆地，而后又被波浪和海潮来回跌荡。弗雷泽沙岛是世界上最大的沙岛，它有一个巨型的沙嘴，被沿新南威尔士海岸向北推移、并在海岸向西转弯时所掉下的沙子堆积而成。

当沙滩暴露在风下面，它便被吹到沙丘地带，这些流动的明媚风景从热带到塔斯马尼亚都能看到。弗雷泽沙岛黄色的沙子和开普角半岛的雪白沙丘，淡水湖填满洞穴，这都创造出了对应的“魔样”风景。事实上，沙子只支配了海岸的一部分，河嘴、河口、潮汐湖和红树林也在这里存在。当波浪不是堆积沙子而是在崎岖的乡下侵蚀，海岸线就将以岩石和悬崖为特色。一些澳大利亚极有名的风景是：维多利亚州坎贝尔港的石灰石海柱，威尔森半岛的花岗岩板层和漂石，努拉伯平原的海上悬崖，悉尼的海港（杰克逊港）。

悉尼的核心港据说是世界上最好的海港，它还是一个被淹没河谷的范例。与北边的布洛肯湾、金伯利地区的许多河口、塔斯马尼亚等其他地方一起，其在海平面上升到上个冰河世纪末期时，就被洪水淹没了。大约在同时，沙嘴被清洗，创造出浅湖和类似吉普兰斯湖、麦欧湖一样的水湾。其他的澳大利亚河口是潮汐扩张而成的三角洲，如同杰维斯港和斯奔瑟湾，因陆地在地球运动中下沉而被海水淹没。从西澳州到南澳州，沿大澳大利亚湾勾勒出一

陆海之约

个很大的弧形，努拉伯尔的石灰石悬崖也许是全国最长的海上悬崖，但以100米的高度计算，它们的确不是最大的。一项荣誉经常被塔斯马尼亚所宣布：那里长笛般的火山粗粒玄武岩断崖从塔斯马尼亚半岛海平面升起约300米高，耸立海边，虽狭窄但却雄伟。在阿雨角，独立的岩石柱靠着拍打的海浪矗立，有50米高、几英尺宽，它被叫做火柴棍，但是攀岩者已经让它和图腾柱一样闻名。最大的海上悬崖实际上位于距太平洋600公里的豪勋爵岛和它微小的卫星岛博尔斯皮拉米德岛，它们都是大型火山遗迹，被侵蚀和海浪运动毁坏，自从600万年前就归于平静。高尔山（875米）和利比特山的多层火山熔岩流支配了主岛，在波浪里形成巨大峭壁。博尔斯皮拉米德岛外约20公里的地方据说是世界上最高的海柱，极像一个562米长的鲨鱼鳍，劈开了咆哮的海洋。200年前豪勋爵岛还是一个无人居住的天堂，如今则成为一个广受欢迎的旅游目的地。1982年，这里列入世界遗产名录，无疑是承认了这个岛群动植物的独特性。自从那艘从悉尼出发的英国船在1788年穿过这个岛以来，几种特有的鸟类已经走向灭绝，然后猪和兔子也迅速跟进，不能飞的木鸡也面临危险。但是，经过一个所谓的害虫控制战役后，这种鸟儿对当地居民来说已经是漠不关心了。在邻接的海洋公园，为350个居民（外加有限的400个参观者）每人找到一条不同的鱼变得十分不易。

澳大利亚其他的辽阔岛屿也是这个国家迷人的一部分。在太平洋上，豪勋爵岛外更远的地方，孤零零的诺福克岛是一个古老的罪犯流放地。许多居民的祖先是“慷慨的叛徒”，也是和这个太平洋岛民联姻的人。在寒冷的南太平洋深处，是麦夸里岛和赫德岛的次南极地区世

在金伯利海岸的塞库里湾，红树林和沙洲背倚闪亮的盐碱地和砂岩悬崖。

界遗产地。麦夸里岛是一个被湖泊点缀的冻土高原，它也是一大块从海面抬高的玄武岩海床（行政上是塔斯马尼亚的一部分）；赫德岛则是一个包着冰的火山，2745米的高度可以证明它是澳大利亚最高峰；两个岛都无情地被潮湿多风的次南极气候横扫。在另一个地方，圣诞岛和科科斯（基灵）岛沉浸在印度洋温暖的大海里，每一个都有混合的族群和独特的生态特征。

澳大利亚大陆附近，岛屿涵盖了从鸟儿嬉水的岩石堆到微小的珊瑚环礁和曾经作为陆地的、岩石嶙峋的大陆岛，部分高山也由于海水上升而变得很孤立。大一点的大陆岛屿如希真波岛、摩宁顿岛、格鲁特埃兰特岛、梅尔维尔岛、德克哈托格岛、袋鼠岛、国王岛、福林德斯岛，甚至塔斯马尼亚岛州，它们像镶嵌在澳大利亚中央胸针上的珍贵宝石，每一个都不相同、十分漂亮。

主要的群岛包括位于大堡礁内的降灵群岛、拖雷斯海峡岛（澳大利亚最北的陆地）、卡奔塔里亚岩的韦尔斯利群岛和爱德华·佩留爵士群岛、阿南地外的韦塞尔群岛、博那帕特、布坎尼尔群岛、西澳大利亚州南部海岸外的勒谢什群岛，以及位于巴斯海峡的肯特和弗诺群岛。这些群岛中的许多岛屿无人居住，它们由自然、大风和海浪所统治，"孤独"几乎是澳大利亚岛屿生态系统的全部传说。对于许多未能在大陆幸存下来、或者只适应了仅仅一个地方的珍稀动物来说，岛屿是能它们生存的诺亚方舟。像激发出查尔斯·达尔文进化论观点的加拉帕格斯群岛一样，澳大利亚8222个岛屿中的大多数是重要的自然保护区。作为全国最边远最难到达的地方，这里有着神秘、敬畏和奇迹。

珀斯南部，一个长满植被的沙洲把广阔的大海从哈维河口分隔开。

406和407

1991年，面积23000平方公里的鲨鱼湾因满足所有四项自然遗产标准而被列入世界遗产名录，其中的一项标准是它风景的异常美感，正如在福尔岛（左）和大泻湖所看到的一样。

408和409

佩伦半岛的红色土壤和半干旱灌木林地紧邻大泻湖的蓝色海水和沙滩平原。

410

正如在福尔岛所看到的，鲨鱼湾环境的复杂性使其支撑了至少15种珍稀植物和5种珍稀哺乳动物的生存，其中包括在世界上最广袤的海草海床上吃草的大量儒艮。

411

大泻湖的盐田类似于内陆沙漠的盐田，只不过是位于海岸的海平面。

412

福尔·弗拉茨和其他的地方的巨大沙洲抑制了环绕鲨鱼湾的海水流动。

413

伴随着稀少的降雨、强烈的蒸发和潮汐，诞生了在西澳大利亚鲨鱼湾珍贵的干旱堤岸生态系统。

414-415

福尔·弗拉茨非常高的蒸发量和有限的水体运动使其成为鲨鱼湾的富集盐分区。

416

鲨鱼湾1500公里长的海岸线包含200米高、激动人心的祖道尔普悬崖，后面则是赫洛德湾。

417

祖道尔普悬崖顶耸立着斯蒂普角，它是澳大利亚大陆的最西端。

418和419

由于海拔和排水的轻微变化，鲨鱼湾的低洼大陆海岸展现出各种不同的环境。

420和421

沙子和海洋生长物的流动图案给福尔·弗拉茨的海水微微染上了颜色。

422

福尔岛以19世纪几个法国探险家中的一个命名，位于鲨鱼湾东海湾中部附近的一片蓝色世界里。

423

哈美林池的高浓度盐水滋养着世界上最好的叠层石，这种世界上最古老的生命形式能追溯到35亿年前。

425

也许是白鹭或篦鹭，这群水鸟给西澳大利亚州金伯利地区的一片潮汐水道染上了白边。据估计，金伯利遥远而回旋的海岸线蜿蜒超过4000公里。

426和427

在18000至6000年前，当海平面升高约140米时，海水涌入褶皱的金伯利地区，创造出一个有着错综复杂海岸线的海角、岛屿和水湾，而浅水湾收集的沉积物已经被红树林所占领。

428
皱褶岩石层的山脊遍布于金伯利地区3000个岛屿。

429
砂岩峭壁沿着一条潮汐沙洲和红树林的河口排成行。

430和431

金湾是金伯利众多海湾中最大的一个。奔涌的潮汐冲刷出海滩平原、标识着金湾的边缘。

432和433

扬皮半岛的塔博特湾是懦艮和珍珠的最好栖息地，这里还因两个通过砂岩山脊间狭窄关口的、不同方向的"潮汐瀑布"而闻名。

434和435

丛林大火的烟雾弥漫在塔博特湾的像峡湾山谷上空。干季的大火是金伯利气候的一个特色。

436和437

塔博特湾上空的丛林大火之雾。燃烧大火以利于放牧，这种方式取代了土著栖息地的传统。

438和439

一座倾斜的砂石陡崖耸立在塞库里湾。金伯利的岩石区拥有数千个艺术画廊，是世界上伟大的岩画收集地之一，也是50000年历史的明鉴。

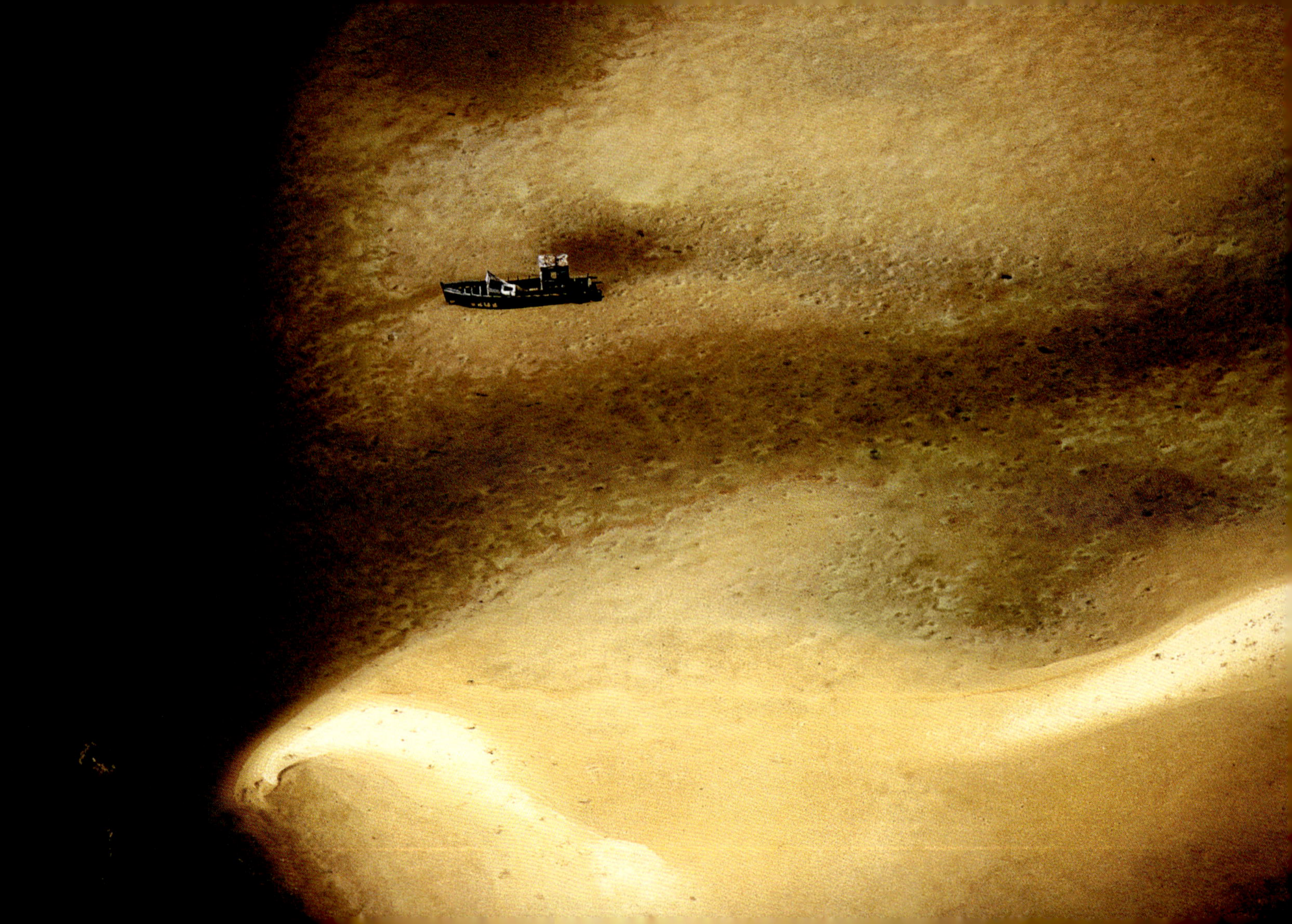

440

阿南地东北海岸的一艘搁浅小艇。阿南地是澳大利亚最偏远的地区，也是土著人重要的家园。

442和443

盐碱地平原、雨林和红树林分布在阿南地北部多沙的海岸边缘。

444和445

巴瑟斯特岛(左图)和梅尔维尔岛(右图)远处由冲突的洋流形成的白色沙嘴。这两个同为土著领地的达尔文北部大岛，被一条狭窄的海峡分割开。

446和447

大约10000年前，澳大利亚第三大岛袋鼠岛被大海从南澳大利亚大陆分割开，土著居民继续在上面生活；但是，约400年前又莫名其妙地被抛弃。狂暴的南洋海浪撞击着一个卫星岩石（左图），而浅滩保护着主岛的一个神秘洞穴（右图）。

448-449

阿德莱德南部的袋鼠岛上，南澳大利亚盆地的海水慢慢侵蚀着弗里德斯蔡司国家公园坚如磐石的海岸。

450

阿德莱德外港海岸线的湿地是水鸟的避难所。

451

布洛顿港的村庄面向南澳大利亚州斯奔瑟湾的湿地。

453
南澳大利亚州南部海岸一个牡蛎养殖场的木头架子。

454
昆士兰州麦凯北部一片白色沙滩后面的红树林、盐碱湿地和沼泽树林。

455
离岸沙洲在低潮漂流。

456和457

麦凯附近大堡礁的近岸水域，从陆地冲刷下来的沙子组成了流动的图案。

458和459

约克角半岛的西部海岸，明亮的绿色莎草和形成于一片屏障沙丘后面海岸湿地的纯白色沙滩形成鲜明对比。

460和461
约克角半岛的许多海岸沼泽是咸水鳄的主要繁殖地。

462

在夏洛特公主湾，一条被丹宁污染的小溪溢出到一片盐碱沼泽地中，然后流进红树林。

463

盐堆积超过6米，对人类来说是高度危险的，尽管人们曾经不知不觉地迷失在它美丽而危险的环境中。

464和465

昆士兰州的弗雷泽岛入选列世界遗产名录，部分原因是因为它是世界上最大的沙岛，其流动的沙子被岩石的小岬角固定住。最大一个是曾为岛屿的印度岬（上图），现在形成了北端120公里的长滩。

466

弗雷泽岛受庇护的北侧，一个被遗弃的码头。

467

尤兰根码头一直延伸到弗雷泽岛和大陆之间赫韦湾的浅水中。

468

努萨河口注入弗雷泽岛南部的阳光海岸。

469

锈迹斑斑的玛希诺沉船是"120公里海滩"的标志。1935年，这艘船被飓风损毁。

470

波尔斯金字塔高562米，是世界上最高的海洋岩柱，它在距豪勋爵群岛20公里的海面上耸立着。

471

左边的利毕特山和右边的高尔山位于月牙形的豪勋爵群岛最南端。这个群岛围绕着世界上最南端的珊瑚礁湖，这个曾经无人居住的岛屿现在有了350名常住居民和许多观光客。

472和473

许多具有悠久历史且守护着澳大利亚崎岖海岸线的灯塔已经退役。在新南威尔士州，全国最壮观的灯塔于1901年在大陆的最东端拜伦角（左图）建成，至今仍然在工作；而位于杰维斯湾（一个海洋公园）入口处的垂直角灯塔已经被一个全新的太阳能灯塔替代。两个岬角都是詹姆斯·库克在他1770年的澳大利亚东海岸探险旅行中命名的。

474

这里找不回打失的高尔夫球！在新南威尔士南部海岸的一个风景如画的高尔夫球场。

475

粘鸟胶给新南威尔士州南部海岸远处的一个鸟类栖息岩石染上颜色。许多离岸海岛是海鸟重要的无天敌繁育地。

476和477

新南威尔士州，梅里布拉南部一个潮汐河口的泥滩和沙岛。

478

维多利亚港坎贝尔国家公园的拉卡德峡谷是为了纪念拉卡德号沉船的历史事件而命名的。事件发生在1878年的一个雷雨之夜，从英格兰到墨尔本的行程中。

479

穆顿鸟岛和拉卡德峡谷。船在被吹进这个岛15分钟后沉没，只有两名少年在峡谷背后的沙滩中幸存，其余52人罹难。

480

大洋路是一条穿越坎贝尔港海岸悬崖顶部的风景如画的快车道。

481

几个瞭望所为观光者提供了对这个华丽而不幸海滩的近距离观察地。

482

易碎的石灰石平原被大海迅速吞噬，留下了如同著名的"十二门徒"的壮观遗迹。

483

最前端的狭长的阿地海峡和乌岛山是"失事船海岸"最知名的景观。

484-485

罗恩河和瓦伊河之间大洋路的别样部分。

486-487

维多利亚州吉普斯兰的"荒野海岸"名副其实，质朴的河流和淡水湖泊耗尽了一大片海滩，后面是茂密的桉树林。

488-489

塔斯马尼亚东部海岸弗雷西内特国家公园完美的玻璃杯湾，那里受到"家庭每日散步者"和划船旅游者的喜爱。

490和491

橙色的苔藓装饰着弗雷西内特半岛的花岗岩石板。

492和493

南港泻湖是塔斯马尼亚东南角一个美丽的水湾，受到黑天鹅的青睐。

494和495
塔斯马尼亚的海岸线包括城镇和固定的农场，也包括一些澳大利亚最质朴的荒野。

496
海岸泻湖流入塔斯马尼亚西部野性的大海。

499

像金伯利地区复杂的水湾一样，塔斯马尼亚东南部荒凉的达维港是一片被淹没的河谷。在一个天空晴朗、风平浪静的日子里，西南国家公园中名列世界遗产的山峰一直伸展到地平线。

500

湿地包含了塔斯马尼亚的全部海岸，正如在罗宾斯通道所见一样。

501

史密斯顿附近的浅海，一艘高速游艇留下了掀起的波浪。

502-503

水产养殖是塔斯马尼亚最干净水域的一项重要产业，那些罗宾斯通道里"未经确定的沉没物"是养蚌船。

504

塔斯马尼亚北部海岸，岩石层已经被温耶德附近的海浪剪开，展示出它的皱褶。

505

这是被塔斯马尼亚狂野的西海岸损毁的众多船只中的一艘。在西风带影响下，一些海浪从南美远道而来，穿越了世界上最长的海路。

506

塔斯马尼亚北部海岸的索雷尔港是一个乡村和假日中心。

508

塔斯曼半岛拥有塔斯马尼亚最高的海岸悬崖，这些海岸悬崖被火山粗粒玄武岩的长笛状圆柱切开。豪伊角远处，灯笼岛是被汹涌海浪凿开的狭窄溪谷分割而成的两个岛屿。

510和511

布朗尼岛北部牡蛎养殖场，这些养殖场组成了暴风雨湾西侧景观。

生命的流动

FLYING HIGH

513
泥土给南澳大利亚州农田坝里的水染上颜色（左图）；西澳大利亚州半干旱地区的一个自然湖泊（右图）。

与亚马逊河、雅鲁藏布江和尼罗河相比，澳大利亚最大的河流也不过是微不足道的小溪，大多数湖泊则纯粹只是池塘。但是，它们在这片干旱的土地上揭示出了水的重要性和悲剧性。

从发源处到大海最长的河流是达令河，其从昆士兰州中心的上游源头到南澳大利亚州阿德莱德附近的河口，全长3370公里。在最后几百公里处，它并入了墨累河，而墨累河则起源于东部有“澳大利亚屋脊”之称的白雪皑皑的群山中。

墨累河－达令河盆地覆盖了全国1/7的领土，聚集了穿越三个州的大分水岭背后的所有河流。但是，像帕鲁河、巴旺河和纳莫韦河这样有传奇色彩的河流，还有经过干燥的西部平原流入达令河的拉克兰河和马兰比季河，都穿过全国最重要的农业带，最后缩短并消退。有时，达令河自身也会断流好几个月，甚至好几年，它们的支流也因太阳而干涸、因全球变暖而萎缩、因农业灌溉而被吸干。在1992年，河流变成了有史以来见过的最大一片有毒蓝绿藻类死水。

古老的达令河纯净且吸引了大量鱼儿和水鸟，是当地土著人的生命血液。雄伟的短桨蒸汽船曾经往返于这条河流，直到新南威尔士州西部的

514
约克角半岛西部海岸，低潮处的一个河口。

生命的流动

维尔坎尼亚和布尔克，运载着珍贵的羊毛制品前往南方港口，渔民们则可以捕捞到有他们的小船一半大小的墨累河鳕鱼。现在，因为被过度捕捞，野生鱼种过度滋生、淤泥过度淤塞、水源缺乏，辉煌的日子已经远去。政府已经意识到太多的人口涌入内陆河流沿岸，迟来的措施只是尽量弥补。一切是为了环境，为了河流生态群落，也为了一个可持续发展的农业未来。

河流伟大的行程是从山区那些狂暴的急流开始的，然后迅速奔向大海。在一片干旱地区，可靠的水源意味着周边多数都建了大坝，并被用来发电和灌溉。

澳大利亚正在实施的最伟大工程项目就是大雪山水电计划。从1949年到1974年的25年间，16个主要的大坝、7个水电站、145公里长的穿山隧道和80公里长的导水管被建立起来，争夺雪水注入的雪河河水，通过发电机引擎，把它们再送到墨累河和马兰比季河去灌溉西部的平原。

但是这条发源于科修斯科山、曾经在班约彼得森标志性的骑术电影《雪河男子汉》中名垂千古的大河，却付出了很大的代价，这同依赖于它的生态群落所付出的一样。虽然野草堵塞的溪流已经交还给它一些水，但是口号"让河流流向内陆"仍有所耳闻。关于提高自然能力来获得丰收的主意已经被实践所说服，过分干旱正在蒸烤许多海岸城市的水资源。

其他从山区流入东海岸的大河包括新南威尔士北部的克拉伦斯河、昆士兰州中部的博得金河和菲茨罗伊河，以及昆士兰州热带地区的图利河和巴朗河。博得金河拥有全州最大的水库湖泊，

生命的流动

230米高的巴朗瀑布受到提纳鲁湖分流的影响。

在澳大利亚版图最顶端，贾丁河从大分水岭低矮北部的余脉流向卡奔塔里亚湾。它不到150公里长，但流量比其他建有大坝的澳大利亚河流都大。汇水区是一片位于贾丁河国家公园内受保护的多沙荒地，在雨季像海绵一样吸收雨水，在漫长的旱季又把水释放出来。

国家公园的保护不能拯救塔斯马尼亚的佩德湖，也不能拯救它注入的狂暴的戈登河。1972年，建于河上的大坝和一个巨大水库泛滥成灾，这变成了澳大利亚环境保护运动的重要议题。这个古老湖泊有一个引人注目的自然特色：因其被冰川刻蚀的群山和一片罕见的粉色沙滩所包围，反映了西南地区多变的气候，深受丛林步行者喜爱。

一连串大坝建在塔斯马尼亚的德文特河上，之后水电发展转移到了该州的西南荒地。"佩德湖的论战"最终导致了富兰克林河类似计划的流产。富兰克林河是戈登河主要的支流和塔斯马尼亚的"最后一条野河"，现在则是澳大利亚最好的激流划船旅程之一。

塔斯马尼亚以其湖泊闻名，包括天然湖和人工湖。全岛有数百个优美的高山小湖，其中的大多数只有那些充满兴致的丛林步行者才能到达，但德文特河源头的圣克莱尔湖除外，那里汽车能够抵达。发源于群山壁垒中，由冰川冲刷成的一个深190米（澳大利亚最深）、长17公里的湖泊，第一次为世人所知是其节奏轻快的土著名利乌利纳，意为"睡眠之水"。这是它的状态之一，但当暴风雨来临的时候，湖泊则被山顶的白雪和暴雨所拍打。

518
金伯利地区摄政王子自然保护区的旱季瀑布。

过去1万年间，海平面升高和沙洲的形成创造出许多河口湖泊系统，特别是在澳大利亚大陆的东海岸。维多利亚州的吉普斯兰湖在144公里海滩后绵延，盐湖米亚尔湖是新南威尔士州众多有相似特征的湖泊中最广阔的一个，亚历山大里纳湖由于库容原因、沙嘴在墨累河口形成。这些海岸湖泊都受到家庭度假旅行者和钓鱼爱好者的推崇。

在干旱贫瘠的内地，很多有名字的湖泊却很少有水。这些盐湖的范围很广，从有着全澳大利亚地名最长名字的、美丽的Cadibarrawirracanna湖（意思是"水面舞动的星星"）到附近的艾尔湖。艾尔湖的两大部分覆盖了约9000平方公里面积，是澳大利亚最大的湖泊。尽管其有一个吸干了1/6大陆的集水区，但这个"内陆海"在过去150年只注满过三次。这个湖泊有一个位于海平面以下15米的洼地，是澳大利亚最低点。当连绵的季风降雨落在这片遥远的海湾地区以后，泛滥的大水激发了生命大爆发，数百万只水鸟到这里繁殖。

那些穿过中澳大利亚沙漠并滋养着盐湖的沙河起源于更加湿润的年代。芬克河的断续河流遵循这样的规律至少有4亿年，它切开麦克唐纳山脉，消失在辛普森沙漠700公里处。所以说，这个大陆最干旱的地方也许拥有地球上最古老的河流。

520-521
埃菲美罗湖给西澳大利亚州农业区边缘的沙地加上了文饰。

522和523

澳大利亚半干旱地区的粉色湖，例如查尔斯峰(上图) 和中岛(右图)附近，它们被相当于给胡萝卜和橙子上色的同一种色素所染。

524-525

西澳大利亚州湖泊颜色的变化反映出水深和湖床藻类的生长情况。

526和527

巴拉德湖是卡尔古利西北的一个盐田，照片显示的是湖上植被，它的景象宛若2003年珀斯国际艺术节的一个雕塑品。

528和529

巴拉德湖注满水后的自然艺术色彩：一群澳大利亚鹈鹕展翅飞翔。

530

摄影飞机的阴影给金伯利地区金湾的潮汐排水道标上了比例。

532和533

小的月牙形沙丘在诺斯曼附近顿达斯湖的盐床上组成了岛屿。

534
许多河流流向金伯利地区金湾的潮汐水域，包括强大的菲茨罗伊河。

535
一场雷雨给金湾带来大量降水。

536和537

卡尔古利东部，老沙丘在罗伊湖的咸水之间组成奇怪的图案。

538和539

在西澳大利亚的小麦带，科里金附近的天然池塘免遭耕种。

541

约1000平方公里面积的艾盖尔湖是澳大利亚最大的人工湖，但由于降雨不足，从1984年以来的湖水从未满过。

542

麦克莱奥德湖的天然盐碱沉积来源于湖床下面的洞穴。

544-545

黄水得名于生活在水面的一种天然藻类，它是卡卡杜国家公园著名的南阿里盖特尔河湿地的一部分。当地的土著居民叫它Ngurrungurrudjba。

546和547

围绕阿南地（左图）和卡奔塔里亚湾（右图）的水坑，穿过焚烧过的草地，家牛和野水牛创造出截然不同的风景。

549

沿阿南地海岸的一处沼泽。这是一片从卡奔塔里亚海湾伸展到卡卡杜国家公园的荒野。

550和551

卡卡杜国家公园广阔的湿地养育着大量的野生生物，包括鳄鱼、鱼类和水鸟类，这也是它被列入世界遗产的一个原因。

552和553

卡卡杜国家公园，东阿里盖特尔河潮汐排水道的图案。

554和555

阿马迪厄斯湖是乌鲁鲁(艾尔斯岩)正南面的一个大型盐湖。第一个看到它的是欧洲探险家欧内斯特·盖尔斯,用奥斯塔的阿马迪厄斯给它命名。在19世纪70年代,经过选举,阿马迪厄斯曾非常短暂地担任过西班牙国王。

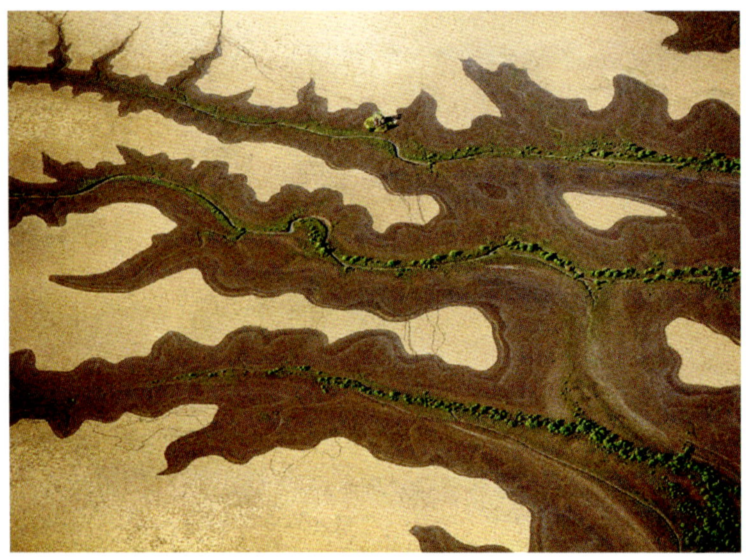

556和557
在北部领地的西部边缘，维多利亚河流入约瑟夫·博那帕特湾。

558和559
红树林排在两边的海峡上，装点着阿南地的湿地。

560和561
一条潮汐河的河曲，蜿蜒穿过巴瑟斯特湾的热带植被区。

562和563
巴瑟斯特岛，河边生长物组成的图案。

564和565

尼科尔森河流入昆士兰州的巴克利台地，注入卡奔塔里亚湾低洼海滩广袤的潮汐平地。

566和567

一场罕见的沙漠雷雨之后，盐碱厚片和一个圆形沙岛抵抗阿马迪厄斯湖(1000平方公里）上升的湖水。

569
麦克阿瑟河（上）和罗珀河（右）汇入卡奔塔里亚湾的三角洲海岸线。

570

树枝状的河流源头，切入卡奔塔里亚湾一个低矮陡坡的灌木林地中。

572和573

福林德斯山脉西部，南澳大利亚州的托伦斯湖的蒸发图案。

574

托伦斯湖是澳大利亚第二大天然湖泊，长度超过200公里，面积达5475平方公里。

576和577
一场暴雨之后，托伦斯湖的一些部分能蓄水数年。

578和579

旅游踏桨船往来于墨累河的拐弯处，这也是维多利亚州和新南威尔士州的边界。

580和581
死去的红树林仿佛给墨累河沿岸被淹没的湿地加上了符号。

582和583
黛曼蒂纳河在伸展到中部沙漠边缘钱奈尔地区之前，灌溉了昆士兰州西部广大的半干旱地区。

584-585

像托伦斯湖这样的沙漠盆地的盐沉淀层已经积聚了好几千年，正如盐被溪流从周围地区运送来，然后在炎热干燥的内陆气候下经过蒸发被浓缩。

586和587

在旱季，位于南澳大利亚州北部沙漠间的艾尔湖看上去不像一个真正的湖泊，反而像一连串串在一起的小池塘(糖葫芦)。

588

尼尔斯河灌溉了一大片沙漠，偶尔能流向艾尔湖。

589

艾尔斯湖低地位于海平面下15米，是澳洲大陆的最低点，能容纳澳大利亚最大的湖泊。

590和591

在南澳大利亚州的北部沙漠，自流井的井水自动地上升到达尔豪斯泉的表面。几千年来，这个温泉一直是当地土著人的重要水源，现在是维特吉拉国家公园的景点。

592和593

盖尔德纳湖是澳大利亚第三大盐水湖，它覆盖了伍默拉西部4351平方公里的面积，被保护在一个国家公园内。

594和595
南澳大利亚州农场被泥土玷污的大坝。

596和597

库容国家公园的盐碱海岸湖，在那里，墨累河抵达南洋。库容还是柯林希勒的流行青少年小说《暴风雨中的男孩》的背景地。

598和599
南澳大利亚州东南角的一个海滩盐湖。

600

拥有9500平方公里的表面，艾尔湖包含着由盐、沉积物和水组成的复杂图案。

601

福罗姆湖是南澳大利亚州第四大盐湖，位于福林德斯山脉东侧。

602和603

沙丘和植被的垫子在阿德莱德附近的湿地组成了抽象的设计图案。

604

康基湖是许多咸水湖和淡水湖的集合，位于南澳大利亚州斯特泽雷奇沙漠的边缘。这个地区被因纳民卡保护区所保护。

607

南澳大利亚州东南部的冈比尔山镇不远处，一块舌状平地慢慢地伸进一个海湾湖泊的咸水中。

608和609

在约克角半岛海湾，澳大利亚鹈鹕成群结队地在奥斯丁角远处寻觅着鱼儿。

610和611

约克角半岛东部海岸的霍普维尔土著保留地上，由纯净硅土构成的流动的雪白沙丘中间，存在着一些淡水池塘。

612和613

尼科尔森河流三角洲上的潮汐环和河流分支。

614和615
高大的白千层属植物勾勒出约克角半岛西海岸上长满莎草的沼泽地。

616和617

从约克角半岛上的砂岩小山上冲刷下来的白色沉积物，在雨季洪水浪花的裹挟下，被冲进了大海。

618-619

一群牲畜朝昆士兰州海峡郡伯兹维尔北部的沼泽水塘行进。

621

莱卡特河上的朱利叶斯湖是为伊萨山矿区而建的几个蓄水区中的一个，那里已经成为一个流行的休闲地。

622和623
墨累河米尔杜拉附近一个被扰乱的湖泊。

624和625

泰尔斯湖是维多利亚州吉普斯兰湖群中的一个，被一条狭窄的沙洲从大海分隔开。

626-627

麦克莱奥德莫拉斯是吉普斯兰东部拜恩斯戴尔南的一个重要鸟类栖息地。这片沼泽在米切尔河泥沙淤积的防洪堤之后形成，这里也是河流进入国王湖的入口。

628-629
吉普斯兰湖是维多利亚州最大的湖泊，也具有最辽阔的湿地系统。

630

塔斯马尼亚南部绍斯波特周围的河流三角洲，逐渐被高大的桉树林占据。

631

泰马河保护区保卫着塔斯马尼亚北部重要的湿地。

632
泰马河湿地植被繁茂，对沉船也进行了再利用。

634和635

塔斯马尼亚西部的国王河也许是这个国家污染最严重的河流，它流经矿区、加工工厂和昆士顿周围裸露的山丘，倾泻到满是有毒沉积物和垃圾的三角洲中，最后汇入麦夸里港。

FLYING HIGH AUSTRALIA

英文索引

英文索引

英文索引

伊恩·布朗，是一个澳大利亚自由作家和摄影师，也是一个遗产交流和公园管理顾问。作为一个热情洋溢的野外旅行者，他用双脚、船桨、绳索和滑雪完成了很多穿越澳大利亚及更远地方的漫长探险征程，他对澳大利亚极其丰富的美景有着强烈兴趣。1997年，他作为一个澳大利亚团队中的一员，在没有辅助设备的情况下，步行到达南极点。伊恩关于环境和探险的文章及自然摄影作品出现在许多杂志、书籍和其他出版物上。他写有三本主要著作，包括他的南极点之旅的记录和《野性的蓝色：杰出的世界自然遗产蓝山》，一本关于野外摄影、自然历史和环境历史的书籍。近年来他编辑了《荒野赞歌》，这是一本关于澳大利亚野外地区的论文和图片的书籍。伊恩和他的家人现在居住在悉尼西部的蓝山。

图片授权

All photographs are by Klaus D.Francke except the following:

Tim Acker/Auscape: pp. 348-349, 354 - Airview Aerial Photograph: pp. 14-15, 210-211, 214-215, 216-217, 336, 337, 338-339, 352, 353, 356, 376 - Theo Allofs/Corbis: p. 138 - John Banagan/Lonely Planet Images: pp. 446, 447 - Ross Barnett/Lonely Planet Images: p. 333 - Yann Arthus-Bertrand/Corbis: pp. 62-63, 149, 287, 304, 305, 393 - Rob Blakers/Lonely Planet Images: p. 312 - Pietro Cenini/Marka: p. 358 - David Curl/Lonely Planet Images: p. 118 - Jon Davison/Lonely Planet Images: p. 359 - Grant Dixon/Lonely Planet Images: pp. 127, 129 - Jason Edwards/Lonely Planet Images: p. 116 - Robert Essel NYC/Corbis: pp. 334-335 - Michael Van Ewik/Auscape: pp. 122-123, 473 - Jean-Paul Ferrero/Ardea.com: pp. 4-5, 71, 79, 294-295, 296-297, 448-449, 469 - Jean-Paul Ferrero/Auscape: pp. 70, 82, 84, 85, 119, 124-125, 330, 332, 335, 355, 362, 363, 364, 365, 472 - Manfred Gottschalk/Marka: p. 394 - Brett Gregory/Auscape: p. 121 - Christopher Groenhout/Lonely Planet Images: pp. 331, 372, 373, 374, 388-389, 471 - Dennis Harding/Auscape: p. 128 - John Hay/Lonely Planet Images: p. 313 - Heeb/Laif/Contrasto: p. 375 - Herv Hughes/Hemispheres Images: pp. 16-17 - Rodney Hyett/Lonely Planet images: pp. 484-485 - Richard I'Anson/Lonely Planet Images: p. 120, 340, 341, 342, 343 - Jean-Marc La Roque/Auscape : p. 80 - R. Ian Lloyd/Masterfile/Sie: pp. 346-347, 390-391 - Chris Mellor/Lonely Planet Images: pp. 344-345 - Charles O'Rear/Corbis: pp. 212-213 - D. Parer & E. Parer-Cook/Ardea: p. 46 - D. Parer & E. Parer-Cook/Auscape: pp. 384, 385 - Sergio Pitamits/Corbis: pp. 416-417 - Jose Fuste Raga/Corbis: p. 316 - Kevin Schafer/Corbis: p. 470 - Gary Steer/Lonely Planet Images: p. 117 - Johnny Stockshooter/Marka: pp. 350-351 - Valerie Taylor/Ardea.com: pp. 79, 81 - David Wall/Lonely Planet Images: pp. 382, 386 - DavidWallPhoto.com: pp. 315 right, 377, 380, 381, 383, 387, 466, 467, 468, 469, 478, 479, 480, 481, 482 - R. Wallace/Stock Photos/Zefa/Corbis: pp. 370-371 - Rob Walls/Auscape: p. 392 - Tony Wheeler/Lonely Planet Images: pp. 378, 379, 483 - S. Wilby & C. Ciantar/Auscape: pp. 83, 96-97 - Lawrie Williams/Lonely Planet Images: pp. 140, 141.

640

悉尼歌剧院是20世纪世界上最著名的建筑之一。

FLYING HIGH